Disputatio Juridica Inauguralis, De Probationibus Familiae Apud Romanos, ...

Solco Walle Tromp

DISPUTATIO JURIDICA INAUGURALIS,

DE

PROBATIONIBUS FAMILIAE

APUD

ROMANOS.

DISPUTATIO JURIDICA INAUGURALIS,

DE

PROBATIONIBUS FAMILIAE

APUD

ROMANOS,

QUAM,

ANNUENTE SUMMO NUMINE,

EX AUCTORITATE RECTORIS MAGNIFICI

PETRI JOHANNIS UYLENBROEK,

MATH. MAG. PHIL. NAT. DOCT. ET PROF. ORD.,

NEC NON

AMPLISSIMI SENATUS ACADEMICI CONSENSU,

ET

NOBILISSIMAE FACULTATIS JURIDICAE DECRETO,

Pro Gradu Doctoratus,

SUMMISQUE IN JURE ROMANO ET HODIERNO HONORIBUS
AC PRIVILEGIIS,

In Academia Lugduno-Batava,

RITE ET LEGITIME CONSEQUENDIS,

PUBLICO AC SOLEMNI EXAMINI SUBMITTIT

SOLKO WALLE TROMP,

LEOVARDIA-FRISIUS.

AD DIEM XI MAII MDCCCXXXVII, HORA XII—I.

IN AUDITORIO MAJORI.

LUGDUNI BATAVORUM,
APUD C. C. VAN DER HOEK.
MDCCCXXXVII.

EX TYPOGRAPHEO J. G. LA LAU.

VIRO AMPLISSIMO,

TIETE SOLKES TROMP,

TRIBUNALIS PRIMAE INSTANTIAE, QUOD LEOVARDIAE EST, PRAESIDI,
ORDINUM GENERALIUM CAMERAE SECUNDAE ADLECTO, CET.

PATRI OPTIMO,

ET

VIRO CLARISSIMO,

CORNELIO JACOBO van ASSEN,

JURIS IN ACADEMIA LUGDUNO—BATAVA ANTECESSORI ORDINARIO, CONSI-
LIARIO STATUS, ORDINIS LEONIS BELGICI EQUITI, INSTITUTI REGII
NEERLANDICI, QUOD AB ARTIBUS AC DISCIPLINIS NOMEN HABET,
SOCIO, CET. CET.

PRAECEPTORI AESTUMATISSIMO,

IN GRATI ANIMI SYMBOLUM,
HAS STUDIORUM PRIMITIAS
D. D. D.
Auctor.

ἀλλὰ καὶ τὸ ἐγχείρημα καλῶς ἔχει, τὸ ζητεῖν τὰ παραλε-
λειμμένα.

Isocrates ad Nicocl.

PROLEGOMENA.

Quid sit status, et quanti civium intersit, ut certo et facile probetur, non opus est, ut multis declarem. In vulgus enim notum est, civitatem bene moderatam non solere omnibus promiscue hominibus eandem tribuere jurium eorumdem percipiendorum et exercendorum facultatem, sed diversam hanc esse pro libertatis, civitatis, familiae jure, multum quoque ab aetate pendere, et mortuo aliquo nova aliis oriri jura; eo autem graviores de varia illa facultate moveri quaestiones, quod non solum status ipse auro carior censetur, sed plerumque bonorum etiam acquisitio vel retentio arcte cum eo conjuncta est.

Hanc status probandi necessitatem sentientes, atque insuper intelligentes eam probationem, quo diutius post statum acquisitum postuletur, eo esse difficiliorem, dudum populi exculti publicas introduxerunt tabulas, quibus singulorum civium status ejusque mutationes praecipuae consignarentur, ut diligenter observatis iis homines privati ad lites disceptandas uterentur. Sic apud Israelitas, ne popularium enumerationem, quae subinde institueba-

1

tur (1), excitem, certos in quovis oppido fuisse magistratus,
scribendi arte peritos atque e Levitarum stirpe delectos, qui
tum alia insignia munera obirent, tum vero civium ortus,
matrimonia, obitus scripto mandarent, easque tabulas
genealogicas, quarum frequens erat in publico et privato
jure usus, custodivisse, docet MICHAELIS (2). Apud Aegyp-
tios, qui nescio an haud minus genealogice cogitaverint quorumque *politia* et judiciorum diligentia celebrantur, vix
dubitamus, quin, de regibus et sacrorum antistitibus,
sacerdotes (3), de reliquis incolis, nomarchae, penes quos
rerum omnium ad regionem suam pertinentium cura erat
et administratio (4), et apud quos universi etiam aliam
ob causam nomina profiteri debebant (5), aut minores
magistratus iis subjecti (6), vel scribae publici (7) similia
curaverint (8). Quod ad Graecos attinet, ut uno defun-
gar exemplo, Athenis quotannis, Apaturiorum die ultimo, liberos, anno praeterlapso natos, pater in phratriae
suae tabulas referebat; eodem referebantur spurii, quibus populus legitimorum jura concessisset, et adoptivi,
etiam si testamento essent adoptati; et in idem φρατορικὸν
γραμματεῖον recens maritus uxoris nomen referre debebat.
Tabulas autem hasce curabat et custodiebat phratriae praefectus, et magna earum erat ad statum probandum utili-

---

(1) Exod. XII. 37, Num. I. 20, sqq., Esra II. 1, VIII. 1,
Nehem. VII. 5, 6, X, XI, al.
(2) Vd. *Michaelis*, Mosaisch recht, tom. III. § 51. Saepissime
hae tabulae in Sacro Codice laudantur, v. g. I. Chron. V. 1, 7, 17,
VII. 5, 7, 9, 40, IX. 1, 22.
(3) Herod. II. 100. Cff. ibi Cll. *Creuzer et Baehr*.
(4) Diod. Sic. I. 73.
(5) Herod. II. 177, ubi cff. laud. Iptt., Diod. I. 77.
(6) Cf. iidem Iptt. ad Herod. III. 6.
(7) Diod. I. 78.
(8) Diligenter enim Aegyptii observabant, τῇ ἕκαστος ἡμέρῃ γε-
νόμενος, Herod. II. 82; natis alendis cunctos operam dare necesse
erat, Diod. I. 80; gravibus poenis plectebatur, qui alium atque pa-
ternum victum sequeretur, Id. I. 74, 81.

tas (1). Quin populorum antiquorum vel castas stirpesve inter se distinctas atque ab exteris intaminatas conservandi studium, vel jurium et sacrorum familiarium observantiam et juris civitatis existimationem cogitans, parum absum, ut mihi persuasum habeam, apud eorum plerosque publice confectas esse tabulas, e quibus aliquomodo de singulorum civium statu constaret.

Quum igitur ad jurium omnium securitatem tanti momenti esse cernerèm status probationes, neque hoc populos antiquos fugisse animadverterem, non omnino male legi Academicae satisfacturus mihi visus sum, si de industria in status apud Romanos probationes inquirerem. Arridebant argumenti novitas, jucunditas, utilitas: opellam viribus meis accommodatam judicabam. At vero parum exploratam regionem ingressus, tantum sensim ejus ambitum cognovi, cui rite explorando exigua doctrinae copia et breve temporis spatium haud sufficiebant. Intellexi in recta hujus argumenti elaboratione, cum aliarum disciplinarum tum magna antiquitatum, juris cum publici tum privati, reique judiciariae Romanorum opus esse cognitione; nec sufficere, praeter praecipuos juris fontes, unum alterumque evolvisse scriptorem, sed omnes omnino perlegendos esse, qui in orbe Romano vixerint, nuspiam enim datâ operâ argumentum tractari, sed omnia ex dispersis locis esse colligenda. Et sane his difficultatibus, serius licet perspectis, facile me a proposito deterreri passus fuissem, nisi aequum lectorem eo minus elaborati quid a juvene exspectaturum confiderem, quod instituti ratio haud permittit praeclarum illud Horatianum, »nonum prematur in annum," observare. Quam festinationem inprimis quoque consideret, ubi argumenta mihi fuerunt attingenda ab Academico juris studio prorsus aliena. Quum status jure Romano triplex sit, prouti aut familiae aut civitatis aut libertatis jus comprehendit, de singulis speciebus ordine exponere constitueram, ita ut a familiae

(1) Scriptores laudat Cl. *Hermann*, Griech. Staatsalterth. § 100.

statu initium facerem, probationibus cuique speciei communibus in quartum locum rejectis. Verum absolutâ et typis jam excussa parte prima, non satis temporis superfore animadverti, quo de reliquis collecta aliquomodo digererem. Quamobrem malui partem secundam et tertiam omittere, et primae ea tantum, paululum immutata, adjungere, quae alioquin tribus illis adaptanda fuerant. Locos, ubi Partes nunc omissas laudassem, plerosque recudendos curavi; quod tamen me non ubique fecisse, spero ne aegre feratur; his enim quum levioris essent momenti in Addendis medelam attuli. Nam quum disputatio sub prelo non quidem omnino nata sit, sed tamen in ordinem redacta, ipsâ absolutâ, nonnulla erant, de quibus deinceps sententiam mutaveram, alia quae me scribentem fugerant, plura quae serius collegeram. Quae omnia in Addendis et Emendandis conjungenda duxi.

Erit fortasse cui argumenti tractandi ordo non omnino placeat et aptior in mentem veniat. Mihi se melior non obtulit. Nam quum inter duos praecipue optio videretur concessa, ut aut singula probationum genera una serie tractarem, licet variis argumentis probandis inserviissent, aut separatim de singulorum argumentorum probationibus viderem, ille quidem hoc nomine se commendabat, quod paucioribus repetitionibus ansam praeberet, verum hic ideo mihi praeplacuit, quod sic magis appareret, quam bene, pro nostrâ scientiâ, de singulis argumentis constiterit. Ne tamen nimis multa saepius repetere cogerer, medium aliquod sequi conatus sum, ita ut primum agerem de iis probationibus, quae huic illive familiae conditioni propriae essent, tum attenderem ad ea instrumenta, quae omni conditioni probandae adhibita sunt aut aliquomodo adhiberi potuisse videntur. Justam esse hanc divisionem, non dicam; sed majoris mali evitandi causa eam institui. Nec magis affirmare ausim, eam satis accurate observatam esse, erat enim hoc admodum difficile. Quamobrem etiam hac in causa bonam precor gratiam.

DE

PROBATIONIBUS FAMILIAE

APUD

ROMANOS.

—◦—

PARS PRIOR.

DE PROPRIIS FAMILIAE PROBATIONIBUS.

—

Quamquam temporis ordinem, quantum fieri posset, observandum duximus, maluimus tamen, in singularum familiae mutationum probationibus explicandis, primo loco conjunctim agere de omnibus publicis mutationis professionibus (id est, denunciationibus publice, actis intervenientibus, factis), atque his reliquas subjungere proprias conjunctionis probationes, licet hae majoris subinde, quam professiones, essent momenti aut prius exstitissent. Ita enim melius, quatenus hoc nobis concessum est, perspici poterat, quo usque Romanis ad familiam in jure demonstrandam praesto fuerint, publica illa instrumenta, quae, si recte conficiantur, plurimum valent ad jurium familiarium securitatem. Praeterea hac ratione facilius earumdem vicissitudines apparere videbantur, quam si dispersim inter alias probationes essent commemoratae. Quae etiam causa fuit, cur hac Parte de Censu agemus, quamvis cives Romani de familia sua tam multa apud Censores profiteri debuerint, ut hujus instituti in singulis propemodum Capitibus mentio facienda sit, atque idcirco fortasse non nemini de eo potius Parte altera agendum fuisse videatur.

CAPUT PRIMUM.

DE PROBATIONIBUS NATIVITATIS.

Sectio I.

DE NATALIUM PROFESSIONIBUS.

§ 1.

De natorum professione a Servio Tullio instituta.

Postquam Dionysius Halicarnassensis narravit Servium Tullium, ut rusticanae multitudinis numerus facile cognosci et aperte iniri posset, instituisse festum quoddam annuum, Paganalia dictum, in quo communiter celebrato omnes ejusdem pagi incolae in singula capita certum numismatis genus conferrent, sed aliud viri, aliud mulieres, aliud impuberes, e quo connumerato (συναριθμηθέντος) a sacrorum praesidibus appareret, quis esset hominum numerus per sexus et aetates distinctus, ita pergit: sed (ut L. Piso tradit in primo Annalium libro), quum vellet rex urbanae quoque multitudinis numerum scire, et nascentium et morientium et eorum qui in virorum numerum referrentur, statuit quanti pretii nummum pro singulis cognati conferre deberent, in aerarium Junonis Lucinae pro iis, qui nascerentur, et in aerarium Veneris Libitinae pro iis, qui morerentur, et in Juventutis pro iis, qui inter viros referri inciperent (1). Ex hoc igitur instituto cu-

---

(1) Dion. Hal. Ant. Rom. IV. 15. Locum hunc tetigit jam *Aem. Ferretus* ad L. 13. D. *de probat.* (22. 3), ubi tamen hoc institutum cum Censu

jusque civis ortus et obitus publice notabantur. Nam, licet ultima collatio ad mulieres non pertinuerit, reliquas tamen has quoque spectasse, tum ex eo conjicere licet, quod *rusticanae* mulieres non minus quam viri conferre debuisse videntur, nec verisimile est, hoc in urbanis minus accurate fuisse observatum, tum manifestius probant sequentia Dionysii verba: hinc rex quotannis dignoscere poterat, ὅσοι τε οἱ σύμπαντες (sc. ἐν ἄστει διατρίβοντες) ἦσαν. Sed quaeri potest, utrum dearum illarum sacerdotes singulas oblationes, additis nominibus, scripto mandaverint, an vero in pecunia accipienda substiterint. Equidem non temere dixisse puto, eas fuisse *notatas.* Nam tradit auctor, inde non tantum civium numerum potuisse cognosci, sed etiam *quinam* ex iis (τίνες ἐξ αὐτῶν) militari essent aetate: unde apparet eorum certe, qui inter viros referri incepissent, nomina fuisse perscripta. Id autem de his solis fuisse factum, neglectis natorum mortuorumque nominibus, cum per se non est verisimile, tum inprimis eo redarguitur quod sic non omnium, qui militari essent aetate, numerus, sed eorum tantum, quos nuperrime hanc aetatem attigisse profiterentur cognati, cognosci potuisset. Neque etiam Dionysius hîc, ad urbanae multitudinis numerum ineundum, eas adhibitas fuisse memorat nummorum συναριθμήσεις, quibus *rusticorum* numerum apparuisse dicit. Et licet neque illae computationes prohibeant, quominus et nomina conferentium notentur, rure tamen hoc factum esse, ideo non crediderim, quod Dion. auctor est, Servium pagorum praefectis mandasse, ut paganorum suorum nomina et opes cognoscerent, quo scilicet, ubi rustici ad arma vocandi essent aut pecunias viritim conferre debe-

---

confundit. *Primus* eum, sed leviter explicuit *Lipsius* in Excursu ad Taciti Ann. V. 4. Memorarunt etiam *Brisson.* Sel. Ant. I. 5, *Westenb.* in D. Marco, diss. VII, cons. *J. de Bas*, Diss. inaug. de vi religionis in jus Rom. civ. p. 29, alii. Cf. inprimis *J. A. A. G. van Rappard*, Diss. inaug. de Instrum. Natal. L. B. 1816. Cap. I. § 1-3, Cap. III. § 2.

rent, ipsi hos convocarent et tributa exigerent (1): ita
ut in his nominum illa notatio supervacanea esset.

Quibusnam propinquis (προςηκούσι) illa professio imposita fuerit, ex reliquorum jurium onerumque familiarium
ratione facile conjici posse videtur. Itaque primo loco
patri, tum proximo agnato, denique gentili proximo faciendam fuisse suspicor.

Ut autem tabulas illas non post annuam computationem
deletas, sed diligenter servatas fuisse credam, faciunt universi instituti ratio et Romanorum singularis scriptorum
quorumvis tam publicorum quam privatorum cura.

Ex Dionysii verbis non prorsus liquet, utrum hae professiones semel quotannis, ut in rusticis, an ut primum
aliquis natus aut mortuus aut inter viros relatus esset,
faciendae fuerint. Nam quamvis earum finis in hoc posita fuisse dicatur, ut *quotannis* civium numerus posset
iniri, inde tamen non sequitur, eas non prius fuisse
faciendas, quam numerus iniretur. Immo contrarium
potius indicatur auctoris silentio de generali urbanorum
conventu, qualem de pagorum incolis memorat.

Servii institutum, quamdiu de nata prole steterit, ignoramus. *Lipsio*, nescio quibus argumentis ducto, brevi
obsolevisse videtur. Equidem aetate Dionysii certe, qui
Augusti fuit aequalis, non amplius stetisse exinde suspicor, quod is alioquin, ut adsolet (2), hoc expresse
additurus fuisse videtur. Quod autem *Lipsius* affirmat,
eum morem in pueris natis retraxisse Augustum, hoc quo
jure dicat, non satis assequor; sed tunc magis etiam miremur Dionysii, qui in veteribus institutis explicandis
novissima quoque commemorare solet (3), silentium.

Quidquid sit, non magnam cives ex hoc instituto utilitatem in negotiis civilibus cepisse videntur. Certe non
horum, sed militiae et tributorum gratia introductum

(1) Dion. l. l.
(2) Vid. v. g. cap. 14, 15, 21.
(3) Vid. v. g. cap. 21.

fuit, et ipsius magis reipublicae, quam civium privatorum commoda spectavit. Accedamus igitur ad alterum Servii Tullii institutum, quo haud minus professionum natalitiarum speciem quandam praemonstratam esse judicant Westenbergius aliique (1).

§ 2.

De Censu.

Institutum modo explicitum celebritate longe superavit Census lustralis, qui eidem auctori tribuitur et hoc loco negligi non posse videtur.

Quinto quoque anno instituebatur, quando cives omnes Romani apud eum, penes quem populi censendi jus esset, sua, parentum, conjugum, liberorum, nomina dare, porro cum suam, tum, fortasse, reliquorum aetatem addere (2), tum urbis locum aut regionis pagum, ubi singuli habitarent, tradere, denique bonorum suorum aestimationem profiteri debebant. Qui censi non fuissent, maxima plectebantur capitis diminutione (3).

Haec, quae cives professi essent, referebantur in tabulas publicas (4), *census* (5) sive *tabulas censorias* (6) dictas; quae asservabantur in tabulario, quod Ti. Gracchi aetate in atrio Libertatis (7), dein in aede Nympharum (8) erat.

(1) *Westenb.*, Divus Marcus, p. 91.

(2) Cf. *Hüllmann*, Röm. Grundverf. p. 64.

(3) Cicero de Leg. III. 3, Dion. Hal. IV. 15, Flor. I. 6. De iis, quae circa civium statum in tabulas censorias referrentur, cf. Tabula Heracl. vs. 146. ed. *Maresoll.*

(4) *Tabulae publicae* sunt genus, cujus *census* species sunt: vd. Cic. Verr. II. 1, 21, pro Rosc. Am. 44, pro Arch. 4 § 9.

(5) Cic. pro Arch. 5, 11; pro Cael. 32; cf. porro *Freund*, Lat. Wörterb. in voce.

(6) Cic. de lege Agr. 1. 2, al. Sic etiam edictum Censorium dicitur a Plin. Ep. XVIII. 3.

(7) Liv. XLIII. 16.

(8) Cic. pro Mil. 27; cff. *Casaub.* et *Ernesti* ad Suet. Oct. 29, *Ruperti* ad Liv. IV. 8. 4.

Similia in municipiis (1) et coloniis (2) observabantur.

Ex his itaque tabulis cum alia, de quibus infra videbimus, tum, quae hac Sect. memoranda sunt, alicujus
nomen, parentes, aetas, tempus et solum natale, proles
patere poterant. At vel sic tamen, licet illas ad alia
probanda in judiciis adhibitas fuisse constet, modo laudatis
similibusve, quae ad familiae statum pertinerent, probandis inserviisse, nullo veterum testimonio exemplove
ostendere queo. Et sane variae sunt causae, quare id
raro aut numquam locum habuisse, nec magnam in causis
privatis Census utilitatem fuisse credam. Nam primum
tabulae hae, aeque ac superiores, non civium privatorum, sed ipsius reipublicae causa conficiebantur (3); unde
parum verisimile est, eas aliter fuisse adhibitas, quam
ubi ipsius personae moralis, quae sibi eas conficiebat,
ageretur commodum: v. c. ubi de jure civitatis aut libertatis quaereretur. Tum multum aberat, ut institutum
esset generale et omnes homines amplecteretur. Nam,
ut mittam, auctoritate destitutum videri, quod apud non-
nullos antiquitatis Rom. interpretes (4) legitur, servorum
quoque nomina et aetatem fuisse referenda (5), non censiti
fuisse videntur orbi et orbae, alii (6), etiamsi in sua
essent potestate. Magnopere praeterea tabularum utili-
tati obstabat, quod Census non nisi post quintum annum

---

(1) Cic. pro Arch. 4, 5, pro Balbo 2, al.

(2) Liv. XIX. 15, Cic. Verr. II. 2. 56.

(3) Cf. *Heinecc.* Ant. Rom. Adp. I. cap. 51.

(4) V. g. *Pitisc.* in Lex. Ant. Rom. v. *censendi institutum*,
Heinecc. l. l.

(5) Servi, quippe bona, omnino erant censendi; verum sic *numerum* profiteri sufficiebat, cf. v. c. Juven. Sat. 3. 140. Neque etiam
video, quid civitatis interfuerit eorum singulorum nomina et aetatem cognoscere. Postea alia fuit ratio.

(6) Vid. *Pitiscus* l. l., Cl. *van der Boon Mesch* in comm. praemio orn. de Censu, Censura et Fastis Censor., Gand. 1824, p. 11.

aut longius tempus (1) instituebatur, ita ut quodcumque hoc intervallo de statu alicujus fieret, illis non contineretur, nisi statuamus, interea quoque Censores aut Praetorem Urbanum (2), de status mutationibus accepisse professiones. Dubitari porro licet, num illae de statu professiones eâ cum diligentia factae fuerint, et, nisi perpetua fuerit profitendi copia, fieri potuerint, quae in veris professionibus natalitiis requiritur (3). Etenim, quae nonnullorum recentiorum est opinio, ad illas quoque pertinuisse jusjurandum, quod refert Dionysius, haec manifesto errore niti videtur, quandoquidem illud ad solam bonorum aestimationem pertinuit (4). Num vero alia de status professionibus praestita sint jurajuranda, infra opportunior erit disquirendi locus. Neque etiam capitis diminutionem aliis esse irrogatam, video, praeterquam iis qui se prorsus non censuissent. De poena adversus negligenter suum suorumve statum profitentem statuta, nihil reperio. Et quod Florus ait, tam accuratam fuisse hoc institutum, »ac si maxima civitas minimae domus diligentia contineretur," hoc magis multitudinem eorum, quae referri debebant, quam referendi curam, spectare videtur (5). Quam parum quoque ipsi magistratus inquisierint in veritatem eorum, quae referrentur, abunde docet in tabulas censorias irrependi facilitas (6). Hinc verissime Cicero judicasse videtur, eas non confirmasse jus civitatis sed tantummodo indicasse, eum, qui census esset, se jam tum *gessisse* pro cive (7). Quodsi in ipso

---

(1) V. g. Cic. in Pis. 5, Suet. Oct. 27, Monum. Ancyr., *Crevier* ad Liv. IV. 8. Add. *van Rappard*, op. 1. Cap. III. § 3.

(2) Liv. XL. 9, Cic. pro Arch. c. 5.

(3) Conferri omnino meretur Plin. H. N. VII. 48. § 159.

(4) Dion. IV. 15: τὸν νόμιμον ὅρκον, ἦ μὴν τἀληθῆ καὶ ἀπὸ παντὸς τοῦ βελτίστου τετιμῆσθαι.

(5) Flor. l. l. Cf. tamen *C. L. F. Schultz*, Staatswiss. d. Röm. p. 291.

(6) Cic. p. Arch. c. 5. § 10, p. Balbo c. 2. § 5, Liv. XXXIX. 3; XLI. 8, 9; XLII. 10, al. Cf. *Netscher*, disp. in. de Cic. or. p. Arch. p. 7.

(7) Cic. pro Arch. c. 5.

profitente tantum gestionem pro tali, non gestionis veritatem, probarunt, multo minor fuerit necesse est earum vis ad approbanda ea, quae de aliis professus esset. Denique licet tabulae, in loco sacro, ab ipso magistratu principe custodirentur (1) et signarentur (2), quum tamen ceratae essent, facilis erat delendi ratio. Permultas lituris commissas esse fraudes cum ab ipsis magistratibus tum ab aliis per illorum servos (3), non uno veterum loco docetur (4).

Sed quanticumque usus et momenti fuerint tabulae censoriae ad genus, aetatem, similia, quae ex professionibus natalitiis constare soleant, probanda, censum lustralem sub Imp. paullatim prorsus in desuetudinem abiisse notum est (5).

Minus etiam, atque Servii Tullii institutum, ad familiam probandam adhiberi potuisse provincialium professionem censualem, neminem fugiet, qui ne statutis quidem temporibus eam habitam fuisse animadvertat (6). Sed ex hoc aliisque ejus generis institutis sensim sub Impp. ille exstitit Census, qui cum alibi tum variis Codicis Theod. et Corporis Juris locis explicatur, nec nobis silentio praetereundus est (7). Cujus ut diversa fuit a Censu Lustrali finis, sic quoque diversa fuit ratio. Nam quum hic spectaverat comitiorum, militiae, tributorum jura, ille solorum tributorum causa habitus est. Unde nonnulla, quae antiquitus fuerant recensenda, nunc omitti potuerunt, quamquam et nova quaedam accesserunt.

---

(1) Liv. XLIII. 16.

(2) Idem l. l., *Manut.* ad Cic. p. Arch. l. l.

(3) Cf. Liv. IV. 8, XLIII. 16; Cic. de Leg. III. 20.

(4) Cic. p. Arch. c. 4. § 8, c. 5. § 9, 10; cff. pro Flacco c. 17. § 39, p. Cluent. c. 14. § 41. Verr. II. 2. 42, p. Rosc. Am. c. 44.

(5) Neque tamen putaverim id statim factum esse cum omissis post Vespasianum *lustris*, propter Dion. Cass. LIII. 19, Plin. Ep. X. 5. (22), al.

(6) Vd. *Fuss*, Ant. Rom. p. 84.

(7) Hujus instituti originem praeclare exposuit, qui etiam de sequentibus conferendus est, Cl. *Savigny* in Zeitschrift für gesch. Rechtwiss. Tom. IV. 3, p. 321 sqq.

Itaque qui fundum possidebat, hunc eo loco, ubi ager jaceret (1), profiteri debebat, additis nomine suo (2), et servorum (3), inquilinorum vel colonorum, fundum colentium, nomine non tantum, sed etiam natione atque aetate (4). Qui vero fundos non possidebant, atque idcirco pro capite suo tributum solvebant, profitebantur, ut videtur, nomina et aetatem sua, uxoris, liberorum, servorum (5), Civitatem quoque adeptus cum aetate et censu inscribebatur (6). Omnia eaedem comprehendebant tabulae, quae variis insignitae nominibus (7), in singulis aderant civitatibus. Conficiebantur a censoribus sive censitoribus sive tabulariis. Horum fraudes gravissimis poenis plectebantur (8), levioribus ipsorum profitentium flagitia (9). Certis autem temporibus renovabantur, et interim errores corrigi poterant (10).

Sed licet insignis harum tabularum haberetur cura, quominus tamen magna earum ad statum probandum fuerit utilitas, partim ea, quae de censu lustrali animadvertimus, partim alia quaedam prohibuisse videntur. Nam quum *possessores* pro solo fundo tributum solvisse videantur, ab hoc autem neque genere, neque aetate, neque liberorum numero excusarentur (11), suffecisse videtur, ut nomen suum recte referrent et agrum accurate describerent, ac verisimile est, iis uxoris liberorumque nomina non fuisse referenda. Accedit, quod tributorum immunes se profi-

---

(1) L. 4 § D. *de cens.* (50, 15).
(2) L. 4 C. *de agric.* (11, 47).
(3) Hi quatenus fundis inhaerere censeantur, docent L. 2, 3 ibid.
(4) L. 4 § 5, laud. Cf. *Savign.* l. l. p. 335, sq.
(5) Arg. L. laud., L. 4 C. Th. *de excus. art.* (13, 4), L. 7 C. *de donat.* (8, 54).
(6) Plin. Ep. X, 5.
(7) Vd. *Brisson.* v. *censualis.*
(8) Vd. e. g. L. 8 C. Th. *de cens.* (13, 10).
(9) L. 4 D. *de cens.* (50, 15).
(10) L. 4 laud.
(11) L. 2 § 4 D. *de excus.* (50. 5).

teri debuisse non videntur, et permultas istiusmodi in-
dultas fuisse immunitates. Non miror itaque, mihi non
innotuisse loca, unde tute conficere possim, tabulas censuales ad genus aetatemve probandum fuisse adhibitas (1),
quamvis in aliis causis id factum esse videam (2).

Mittimus igitur etiam hunc Censum, ut ad utilius, hac
in re, institutum, libera republica ad exitum vergente,
ortum, accedamus.

§ 3.

De natorum in Acta relatione.

J. Caesar, Consulari inito honore (a. 695 U. C., 59
a. C. N.), primus omnium instituit, ut tam Senatus quam
Populi diurna acta confierent et publicarentur (3). Scilicet memoriam rerum publice gestarum antea singulis
annis Pontifex Maximus in album referebat et propone-
bat domi, potestas ut esset populo cognoscendi; ut adeo
diurnis actis tunc non opus esset. Ea autem Annalium
Maximorum, ut dicebantur, conscribendorum ratio obtinuerat ad Pontificem P. Mucium (circa in. Sec. 1^{mi} a.

---

(1) Cf. *van Rappard*, Diss. laud. p. 8, qui tamen cum *Boehmero*
Jus Eccl. Prot. II. 19. § 20. putat, L. 3. pr. et L. 4. § 6. D.
de censu (50, 15) docere aetatem tabulis censualibus probari fuisse
solitam. Idem statuunt *Brisson.* Sel. Ant. I. 5. et *Forner.* in *Ottonis*
Thes. T. II. pag. 249. De L. 13. D. *de prob. et praes.* (22, 3)
mox vidimus.

(2) Ex. gr. donatio iis probatur in L. 7. C. de donat. (8, 54).

(3) Sunt verba Suetonii in vita c. 20. De quaestione, num vere
Caesarem horum Actorum praedicet *auctorem*, vid. *Ernesti* in Exc.
ad Suet. l. l. et Prolus. de Act. S. P. Q. R. origine (Opusc. Phil. et
Crit. p. 45, sqq.), ubi docet *antiquiorum* Actorum fragmenta, a
Dodwello edita, propter quae *Graevius* Suetonium erroris arguit,
ab aliquo impostore conficta esse. Add. quos laudat *Baumg. Crus.*
ad Suet. l. l. Quomodo Cicero quadriennio ante gesta in Senatu
perscribenda et divulganda curaverit, ipse refert in or. pro Sulla
c. 14 et 15.

C. N.), postea, fortasse ob turbas domesticas, omissa
est (1). Haec Caesari causa fuisse videtur instituendi acta diurna, id est, tabulas publicas, quibus quotidie consignarentur, quaecumque a Senatu aut populo agerentur,
et universe reipublicae acciderent (2).

_____

(1) Cic. de or. II. 44; cf. *Ern.* l. l.

(2) Vid. *Ernestius* l. l. Idem affirmare non dubitat, hanc publicae memoriae retinendae rationem mox intestinis discordiis turba-
tam esse, Actorum scilicet confectionem post Caesaris Consulatum
propter optimatium invidiam, intermissam (696-707 U. C., 58-47
a. C. N.), dein ab eodem alterum Consule et Dictatore revocatam
esse. Movent eum Coelii et Ciceronis epistolae duae, paulo ante
bellum civile, aliquot annis post primum Caesaris Consulatum (703
U. C., 51 a. C. N.) scriptae: ad Fam. VIII. 1 et II. 8. Quarum
in altera quum Coelius scribat, se Ciceroni in Ciliciam misisse commentarios rerum urbanarum, suo jussu, suaque impensa, a privato
homine confectos, in altera autem Cicero scriptorem illorum com-
mentariorum reprehendat, quod res privatas minutasque, quas scire
sua nihil interesset, consignarit, Acta tunc mitti *non potuisse* judicat. »Quodsi, inquit, tum mos Actorum S. P. Q. conficiendo-
»rum publicandorumque manebat: quid erat, quod non aut Coelius
»haec potius descripta Ciceroni mitteret, aut Cicero ea sibi mitti
»vellet? quid? quod Cicero, cum, ne ea quidem se a Coelio scire
»velle, scribit, quae quotidie in republica fiant, causam hanc
»addit, quod ea alii scribant, non, quod in Actis publicis reperiat?»
At sunt tamen, quare dubitem cel. viro calculum adjicere. Etenim
consideranti mihi Coelii verba, videtur hic non Actorum defectum
voluisse explere, sed, quum Ciceroni, ut ipse dicit, pollicitus
esset, se *omnes res urbanas diligentissime* ei perscripturum, ac
sciret, quam curiosus esset amicus et quam omnibus peregrinantibus
gratum esset, *minimarum* quoque rerum, quae domi gerantur,
fieri certiores, judicasse sibi plura, quam Acta continerent, esse mit-
tenda, atque idcirco parasse, qui sic omnia persequeretur, ut ipse vere-
retur, ne amico nimis arguta haec sedulitas videretur. Quin eadem Coelii
epistola indicare videtur, tunc non cessasse Actorum conficiendorum publicandorumque morem. Nam volumen istud non unice gladiatorum com-
positiones, et vadimonia dilata, et compilationes, et fabulas et rumores
continebat: erant ibi etiam senatusconsulta et edicta omnia; quae
num servus aut libertus describere potuerit, nisi Actis fuerint publicata, equidem dubito. Et quod ad Ciceronem attinet, ipse significat, se
Acta nec voluisse, neque etiam nunc velle. Ultimum autem *Ernestii*

Neque tamen haec ita sunt intelligenda, quasi antea solis Annalibus Maximis, dein his solis Actis comprehensa fuerint omnia, quae publice agerentur. Jam diu enim ante Caesaris tempora singulis magistratibus, Consulibus, Praetoribus, Censoribus, Quaestoribus, Aedilibus, aliis, Pontificibus etiam, aderant aliquot scribae publici, qui rationes publicas in tabulas referrent quibusque, ut Ciceronis verbis utar, magistratuum pericula committerentur(1); unde in decurias multas sunt translati. Nec Romae tantum haec ita erant, sed in provinciis etiam, municipiis, coloniis eadem observabantur (2). Et sub Impp. quoque magistratus cum urbani tum provinciales et municipales muneris sui acta conscribenda curare per-

---

argumentum admodum debile est. Nam ex Ciceronis verbis minime conficere licet, eos, qui ipsi scriberent, quae quotidie in republica fierent, non partim hoc fecisse mittendis Actis publicis; et tenendum omnino est, illum *epistolam* scribere. Praeterea vero liber iste nec *acta*, quin ne *commentarii* quidem, sed simpliciter *volumen* vocatur; et alio loco ipse Cicero privata illa rerum urbanarum volumina ab Actis distinguere videtur, quum Trebonio scribat, » quod » nisi *res urbanas actaque omnia* ad te perferri arbitrarer,'' rel: ad Fam. X. 28. 3. Accedit denique, quod idem, ubi de *actis* aut *actis urbanis* loquitur, quod non semel et eodem intervallo facit, tantum abest, ut ea dedignetur, ut contra haec sibi gratissima esse ostendat; unde apparet, immerito *Ernestium* putare, ibi quoque commentarios privatos significari: ad Att. VI. 2, ad Fam. II. 15. 5, utraque ai 704 U. C., 50 a. C. N. Add. ad Fam. IX. 14. 4 (708 U. C.), XII. 23. 2 (710 U. C.); X. 28. 3, XI. 25. 1 (711 U. C.); ὑπομνήματα anni 710 U. C. memorantur a Dion. Cass. XLIV. 11, *acta* anni 712 U. C. a Suet. Tib. 5, *monumenta publica* ejusdem fere temporis ab eodem Calig. 23; ex quibus locis facile patet, quid statuendum sit de his *Ern.* verbis: » nulla Actorum » mentio in veteribus libris, medio inter Caesaris Consulatum et » *Augusti imperium* tempore, reperitur.''

(1) Cic. in Verr. III. 79. Cf. idem p. domo c. 28. § 74. » scribae, » qui nobiscum in rationibus, *monumentisque publicis* versantur.''

(2) Vdd. *Lips.* et *Ern.* ad Tac. Ann. XIII. 27, Iptt. ad Suet. Claud. 3, *Sigon.* de ant. jure Civ. Rom. II. 9, *Rosin.* Ant. Rom. VII. 48, *Trotz* de scrib. vet. Rom.

rexerunt; quae quum omnia diligenter continerent coram magistratu vel ab ipso gesta, invaluit jam ante Constantini M. aetatem mos, dein quod ad nonnulla in legis praeceptum conversus, ut homines privati, certioris probationis et majoris firmitatis causa, instrumenta sua privata in ea referrent, id est, adirent magistratum, ei instrumentnm offerrent, peterentque ut recitaretur et actis inderetur: quo impetrato, scriba, cujus varia sunt nomina (1), omne colloquium et instrumentum prolatum gestis inscribebat, quod *allegare, insinuare, publicare, prosequi apud Acta* sive *Gesta* plerumque dicitur: eadem fere ratio, mutatis mutandis, observabatur, si quod negotium declararetur tantum aut coram magistratu celebraretur. Quum vero cum hac actorum confectione, cujus non semper et ubique eadem fuere requisita et solennia, plerumque chartiaticum conjunctum esset, non mirum est, quosvis magistratus illi lubentissime vacasse, quin alios etiam homines, judices adeo et clericos (2), privatis hominibus acta confecisse. Hinc exstitit postea peculiare jus actorum *aliis* conficiendorum, quod Provinciarum Praesidibus, et in municipiis, adhibitis aliquot curialibus et exceptore publico, Magistratui aut Civitatis Defensori, in urbe autem Constantinopoli dein Magistro Census tributum fuit (3). Haec autem publica Magistratuum acta, in civitatium tabulariis sive archiis seu grammatophylaciis cum aerario plerumque conjunctis et in sacra aede

---

(1) Vd. *Savign*. Gesch. d. R. Pechts im Mitt. tom. I. p. 27, sqq.

(2) L. 23. C. *de testam. et quemadm.* (6. 23), L. 41. C. *de Episc. et Cler.* (1. 3). Cf. L. 25 § 1. C. *de sacros. eccl.* (1. 2).

(3) Vdd. *Gothofr.* ad L. 6. C. Th. de accus. et inscr. (9. 1), *Savign.* l. l. p. 81, sqq.; de forma impr. *Spangenb.* tabulae negott. p. 46, sqq. et quos ibi laudat. Add. de Magistro Census, L. 30, L. 32. C. *de donat.* (8. 54), *Gothofr.* ad L. 4. C. Th. *de testam.* (4. 4) et L. 23 laud. Etiam Quinquennalibus aliquando hoc jus fuit, vd. *Savign.* l. l. p. 42, sq. et 87.

positis, diligenter custodiri solita (1), quorum cum libera republica tum sub Impp., ut infra saepius videbimus, magna fuit utilitas, et a quibus rationes publicae actaque forensia diligenter sunt distinguenda, eo praesertim ab Actis a J. Caesare institutis diversa fuerunt, quod haec res ad omnem Remp. Romanam pertinentes, illa singulorum tantum magistratuum gesta continerent.

De Actis Senatus, non est, quod hoc loco dicamus (2). Actis autem Urbis Diurnis, quorum varia nomina in *nota* afferemus (3), non tantum res rationesque populi, judicia publica, supplicia, comitia, magistratuum res gestae, aedificia, alia cujuscumque generis nova, cum omnium civium utilitate plus minusve conjuncta, inseri consueverunt (4), sed invaluit brevi etiam mos cum alia ad illo-

---

(1) Cic. p. Arch. 4, Liv. XLIII. 16, Virg. Georg. II. 502, L. 9 § 6 D. *de poenis* (48. 19), L. 3 C. *de serv. reip. man.* (7. 9), L. 18 C. *de testam. et quemadm.* (6. 23), L. 4 C. Th. *eod.* (4. 4), al.

(2) De iis vide *Lips.* Exc. ad Tac. Ann. V. 4.

(3) *Acta Pop. Rom. diurna*, Suet. Caes. 20; *diurna P. R.*, Tac. Ann. XVI. 22; *acta urbis diurna*, idem XIII. 31; *urbana acta*, Cic. ad Att. VI. 2, Plin. Ep. IX. 15. 3; *rerum urbanarum acta*, Cic. ad Div. XII. 32. 2; *acta urbis*, Petron. Sat. 53, Lamprid. Alex. p. 115; *acta diurna*, Suet. Claud. 41; *diurna actorum scriptura*, Tac. Ann. III. 3; *acta publica*, Suet. Tib. 5, Tac. Ann. XII. 24, Plin. Ep. V. 14. 8, VII. 33. 3; *acta*, Suet. Cal. 8, 36, (*acta Tiberii* apud eundem Dom. 20 non significare videntur acta urbana s. publica, Tiberii principatum comprehendentia, ut *Baumg. Crus.* ad h. l. putat, sed potius acta principum propria, Cf. Vopisc. Aurel. p. 213. B, D.), Juven. II. 136; *actorum libri*, Juven. IX. 84, a quibus diversi sunt *actorum libri* apud Tac. de Orat. 3ʳ. Si quis dicat, Ciceronem, ubi de *actis* aut de *actis omnibus* (ad Div. X. 28. 3) loquitur, cum senatus tum urbana acta significare, equidem non refragabor. Graeca nomina vide apud *Vales.* ad Dion. Cass. LXVII. 11.

(4) Vidd. *Lips.* l. l., *Ern.* l. l., *Westenb.* D. Marcus, Diss. VII, *Heinecc.* ad L. Pap. Popp. p. 213, sqq., *Pitisc.* in v., *Brisson.* Sel. Ant. l. 5, *Schwarz.* ad Plin. Paneg. 75; add. Cic. Epp. laud., Dio Cass. XLIV. 11, LVII. 12, 21, 23, LX. 33. Etiam acta Senatus in urbana translata fuisse videntur ob Capitol. Alex. p. 116; ita ut

rum statum pertinentia, de quibus infra videbimus, tum
natam prolem in ea referendi (1). Morem, dico; nam nuspiam ex legis praecepto id factum esse dicitur, et esse,
quae contrarium indicent, mox animadvertemus. Fortassis
initio filii tantum illustrium in actis inscribebantur. Scio
equidem non urgendum esse, quod prima exempla sunt
solorum principum, quum pauca tantum memorentur et
a scriptoribus, quibus non nisi hujusmodi hominum natales erant referendi; sed est rei naturae consentaneum,
talem morem apud homines nobiliores nasci. Quidquid sit,
jam sub Domitiano vel Trajano ejus professionis usum vul-
garem fuisse, docent Juvenalis versus mox afferendi (2).

Quod autem *Reitzius* ad Suet. Tib. 5, teste *Baumg.*
Crusio (cf. Praef. pag. xx), suspicatur, fuisse nempe illas
professiones, nam hoc nomine plerumque veniunt (3),
postea per adulationem insertas, id parum mihi verisimile
videtur. Nam mirum sane esset, hoc fugisse Suetonium,

tunc Augusti vetitum, ne acta Senatus publicarentur (Suet. in vita c. 36),
jam cessaverit. Senatorum acclamationes jam Hadriani aetate in ea
transferebantur, Plin. Paneg. c. 75 ibique *Schwar tz.*

(1) V. g. Suet. Tib. 5 (712. U. C.); Dio Cass. XLVII. 44 (716 U. C.):
συνοικοῦσα δὲ ἤδη ἡ γυνὴ τῷ Καίσαρι (Augusto), τίκτει Κλαύ-
διον Δροῦσον Νέρωνα· καὶ αὐτὸν ὁ Καῖσαρ καὶ ἀνείλετο, καὶ
τῷ πατρὶ ἔπεμψεν· αὐτὸ τοῦτο ἐς τὰ ὑπομνήματα ἐγγράψας, ὅτι
Καῖσαρ τὸ γεννηθὲν Λιουίᾳ τῇ ἑαυτοῦ γυναικὶ παιδίον Νέρων
τῷ πατρὶ ἀπέδωκε (ubi nescio, cur *Reimar.* vertat, *in sua com-*
mentaria inscripsit; nam etiam alibi a Dione acta publica simpliciter ὑπομνήματα vocantur, vdd. loca suprà ll., quibus add. LXVII.
11, LXXI. 28, Caesaris autem commentariis nomen additur XL. 23,
LV. 25, et jam antea ejusmodi in Acta relatio obtinuerat); Suet.
Cal. 8, 25; Juven. IX. 84 et fortasse II. 136, ubi vd. *Ruperti.*

(2) Cff. *Westenb.* l. l., qui minus recte existimare videtur, omni
hoc tempore, ad M. Antoninum usque, non nisi clarorum virorum
ortûs in acta relatos esse, et *Heinecc.* l. l., qui tamen in Antt. Rom.
I. 25. 9 nota *e*, cum *Westenb.* facere videtnr. Priore l. *Heineccius*
tempore Ter. Clementis relationem *necessariam* visam esse putat.

(3) Suet. Cal. 25, Appul. Metam. p. 572. et Apol. p. 577. ed.
Oudend., L. 13, L. 16 D. *de prob. et praes.* (22. 3), al.; Gr.
παιδογραφίαι, Modest. in L. 2. § 1 D. *de excus.* (27. 1).

2 *

qui multum abfuit, ut omnibus temere documentis fidem
haberet, contra valde cautum se hac in re probavit (1).
Praeterea testimonia illa simplicissima sunt et adulationem
minime redolent. Neque etiam video, aliquem potuisse
magnopere adulari Principem, inferendo postea natales
ejus in acta, quae jam nemo amplius legebat. Quam ob
causam nec Principis ipsius jussu id factum esse credo; nisi
forte hoc faceret, ut falsos sibi tribueret natales. Verum
tunc quoque aliam potius mihi ingressurus fuisse videtur
viam: scripsisset, opinor, aut ab aliquo adulatore scribendum curasset peculiarem de suo genere libellum, quales Romae sub Imperatoribus haudquaquam fuerunt incogniti (2).
Immo vel fallor equidem, vel indicat memorabilis Suetonii
locus, Caligulae certe aetate, etiam ab ipsis Principibus,
statim professiones fuisse factas. Scilicet narrat ille, Caligulam uxorem duxisse Caesoniam quandam, gravidam, »quam
»enixam (die tricesimo post nuptias, ut discimus ex Dione
»Cass. LIX. 28) uxorio nomine dignatus est, *uno atque
»eodem die professus, et maritum se ejus, et patrem in-
»fantis ex ea natae*(3)." Ibi enim non dubito, quin voc.
profiteri plus significet, quam *appellare:* vim omnino habeat *solennis declarationis.* Hoc arguit certi diei additio,
nec minus ipsa rei natura. Nisi enim credamus, Suetonium narrare, mulierem eo ipso die, quo peperit, ductam
fuisse ac nuptias celebrasse, concedendum est eum cum
Dione hac in re convenire, Caesoniam aliquamdiu ante
ductam esse, quam peperit. Atqui quis dubitabit, quin
jam a cohabitationis inde initio uxor *appellata* sit? Nondum tamen publice sic declarata erat. Hoc maritus post

(1) Vide e. g. Caes. 55, 56, Oct. 7, Ner. 52; cff. loca ad Impp.
et Horatii ortum pertinentia.
(2) Vd. ex. gr. Suet. Caes. 52, Vitell. 1, Vesp. 12, de ill. Gramm.
11. Caligula epistola ad Senatum usus est, ut proaviam ignobilitatis
argueret, publica monumenta (acta?) suae affirmationi adversantia,
intacta reliquit, vd. Suet. Cal. 23.
(3) Suet. Cal. 25.

partum fecit. Quodsi igitur voc. *profiteri* sensu peculiari accipiendum est, eo accipi debet, qui rei ac tempori congruit, scilicet *professionis apud acta* (1).

Quum igitur esse non videantur, quare has professiones natalitias postea intrusas esse credas, equidem, actorum *diurnorum* rationem cogitans, natam prolem statim aut brevissime post partum in ea referri consuevisse existimo. Quam autem cumque communis initio fuerit hic mos, jam dudum ante latam legem Papiam Poppaeam ejus exemplum occurrit, in Tiberio scilicet, qui natus est anno 712 U. C., 42 a. C. N. Post eam vero legem, et ejusdem quidem causa magis generalem evasisse morem, cum rei natura docet, tum colligere licet ex hac lepida adulteri apud Juvenalem excusatione:

> Nullum ergo meritum est, ingrate ac perfide, nullum,
> Quod tibi filiolus vel filia nascitur ex me?
> Tollis enim, et *libris actorum* spargere gaudes
> *Argumenta* viri: foribus suspende coronas,
> Jam pater es: dedimus quod famae opponere possis:
> *Jura* parentis habes, propter me scriberis heres,
> Legatum omne capis nec non et dulce caducum.
> Commoda praeterea cet. (2).

A quonam magistratu acta urbis diurna conficerentur, traditum non reperio. Sed quum Caesar primum Consul, necdum summa rerum potitus, ea conficienda jusserit, suspicor ea initio confecta fuisse a Consulis scribis (3), ipso tamen inspiciente (4). Quibus postea eorum conficiendorum cura commissa fuerit admodum dubium est, quum vetus inscriptio Curatores Tabularum Publicarum memo-

---

(1) Etiam Dionis locus supra allatus ita conceptus est, ut jure credas, Augustum Neronis natales brevissime post partum in acta retulisse.

(2) Juven. IX. 84 sqq. cff. *Lips.* l. l. et *Hein.* l. l. pag. 213.

(3) De quibus vide, quos laudat *Fuss*, Ant. Rom. p. 208, 457.

(4) Eadem *Ernestii* l. l. pag. 51 est opinio: »*quae in potestate Consulum erant, es quo genere Actorum confectio fuit.*"

ret, Tacitus vero tabularum publicarum curam primum Aedilibus, tum Quaestoribus, denique Praefectis aerarii Saturni commissam esse dicat, et ne certum quidem sit an Acta quoque illis *tabulis* significet. Confecta tamen fuisse ab aerarii custodibus, tum ex eorum arcta cum pecunia publica conjunctione, tum ex iis, quae postea facta sunt, suspicari licet (1). Et videbitur fortasse cuipiam haec opinio confirmari insigni Plinii junioris, Praefecti aerarii loco: »Distringor, inquit, officio, ut maximo, » sic molestissimo. Sedeo pro tribunali, subnoto libellos, »conficio tabulas, scribo plurimas et illiteratissimas lite-»ras'' (2). Asservabantur quoque Romae, si testibus fides habenda est, in aerario, quod erat in templo Saturni, ubi etiam SCta deponebantur (3). De reliquis Actorum Urbanorum fatis parum constat. Jam statim ea, sive integra sive contracta (4) a principibus Romanis ad absentes amicos mitti consuevisse, discimus ex Ciceronis Epistt. supra ll. Sub finem autem imperii Neronis, avide non tantum per provincias, sed per exercitus quoque lecta fuisse, narrat Tacitus (5).

Simile autem, atque Romae, etiam extra urbem adfuisse institutum, et in plerisque, nescio an in omnibus, civitatibus confecta fuisse ab aerarii praefecto, quocumque demum nomine insigniretur, acta publica, in quae pater natam prolem posset referre, novimus ex gravissimo Appuleji loco. Hic, Magicarum artium reus, uxoris

---

(1) Vdd. *Lips.* l. l. et in Exc. ad Tac. Ann. XIII. 28, *Hein.* Ant. Rom. I. 25. 11.

(2) Plin. Ep. 1. 10. 9. *Laboriosissimum* id munus vocat Paneg. c. 91.

(3) Servius ad Virg. Georg. II. 502: *populi tabularia:* »ubi » actus publici continentur. Significat autem templum Saturni, in » quo aerarium *fuerat* et ubi reponebantur acta, quae susceptis liberis » faciebant parentes.'' Schol. ad Juven. l. l.: »propter profes-» sionem, quia apud aerarium patres natorum deferebantur filiorum, » vel nominum notitiam devulgare.''

(4) Uti illa privata apud Petron. l. l., ubi vd. interpp.

(5) Tac. Ann. XVI. 22.

aetatem probaturus, (anno 173 p. C. N.), »Pater ejus, »inquit, natam sibi filiam more ceterorum professus est. »Tabulae ejus partim tabulario publico, partim domo ad-»servantur: quae tibi ob os objiciantur. Porrige Aemi-»liano (accusatori) tabulas istas. Linum (*al.* lignum) con-»sideret, signa, quae impressa sunt, recognoscat, consules »legat, annos computet. — nisi fallor, invenies nunc »Pudentillae haud multo amplius quadragesimum aetatis »annum ire" (1). Quo loco si quis professionem *cen-sualem* commemorari, vel etiam Marci Antonini institu-tum significari putet, respondeo, nuspiam alibi doceri, ad Censum pertinuisse, ut statim nata proles referretur (2), et fuisse Pudentillae professionem manifesto voluntariam; quod ad alteram animadversionem attinet, Appulejum causam quidem Antonini defendisse aetate, sed professio-nem, qua utitur, ad minimum triginta annos ante Impe-ratoris legem mox afferendam fuisse confectam.

De profitendi ratione parum novimus. Sed si ubivis eadem fuerint observata, haec fortasse affirmare licet: praemisso die et Consule, relata fuisse cum ipsius infantis tum parentum nomina, additis solo et subinde hora na-tali (3); duo autem confecta fuisse exempla, quorum alterum profitentibus tradebatur, alterum asservabatur in aerario, denique, hoc saltem, scriptum fuisse in tabulis cera oblitis (et lino circumductis?) signaculisque (magis-stratus, profitentis, testium aliquot?) munitis (4).

---

(1) Appul. Apol. p. 577. ibique Iptt.; add. Metam. p. 572.
(2) L. 4. § 9. D. *de cens.* (50. 15) agit de partu servili.
(3) Suet. Tib. et Cal. ll. ll. cf. Appul. Apol. l. l.
(4) Appul. Apol. l. l. Etiam alter locus, in Metam., indicare videtur profitenti exemplum fuisse exhibitum: » Mathematicus qui-»dem, qui stellas disposuit, quintum ei numeravit annum, sed ipse » scil. melius istud de sua novit professione." Universe professionum rationem sic refert Tertull. adv. Marcion. V. (in Sec. III) 1: » Plane »profiteri potest semetipsum quivis. Verum professio ejus alterius »auctoritate conficitur, alius scribit, alius subscribit, alius obsig-»nat, alius actis refert. Nemo sibi et professor et testis est."

Quam publica essent instrumenta ac nuspiam non le-
gerentur, aditus, etiam ad obsoleta non difficilis, et
omnibus describendi aut descripta certe comparandi copia
fuisse videtur. Ut autem ab historicis crebro adhibebantur, sic quoque homines privatos iis ad statum probandum usos fuisse, cum colligere licet ex laudatis Juvenalis
versibus, tum manifestum est ex Appuleji Apologia (1).
Restat igitur, ut verbo moneamus de natorum apud Acta
professionum fide et auctoritate.

Prolato exemplo privato, palam est, primo loco inspiciendum fuisse, verane essent an falsa numque aliquae
fraudes in scriptura fuissent commissae (2). Quum duo
conficerentur exempla, vel error vel fraus causa esse
poterat, ut diversae de natalibus proferrentur professiones.
Atque huic rei prospexisse videtur Hadriani (?) constitutio, a Celso JCto commemorata. »Quum de aetate hominis
»quaereretur, inquit, Caesar noster in haec verba rescrip-
»sit: »»Et durum et iniquum est, quum de statu aetatis
»»alicujus quaereretur, et diversae professiones proferuntur,
»»ei potissimum stare, quae nocet; sed causa cognita veri-
»»tatem excuti oportet, et ex eo potissimum annos com-
»»putari, ex quo praecipuam fidem in ea re constare credi-
»»bilius videtur'' '' (3). Certe hae potius, quam censuales
professiones intelligendae videntur. Sed etiamsi de instrumenti fide constaret, tamen professionum verisimile est
minorem fuisse auctoritatem, quam eorum, quae civitas
ipsa hoc modo publicasset. Ut enim de his dubitari vix
poterat (4), ita illae tantum probabant aliquem v. c. pro
parente se gessisse. Nam qui Acta conficeret, scripsisse
tantum videtur, quae ad se referrentur, non vero ante

---

(1) Add. L. 13, 16, 29. D. *de prob. et praes.* (22. 3).
(2) Cf. Appul. l. l.
(3) L. 13. D. *de prob. et praes.* (22. 3)
(4) Vd. tamen Dio Cass. LIII. 19.

in relatorum fidem inquisivisse, aeque parum ac hodieque, quoties in diarium pueri natales inserendos cure-
mus, testes v. c. adducere cogimur. Inde explicandum
opinor, quod Suetonius, licet ceteroquin non minorem,
quam Tacitus, Dio Cassius, alii, fidem habeat Actis Urbanis, tamen, ubi varias esse dixit de Caligulae loco natali
traditiones, non prius Actorum fidem sequitur, quam
reliquis testimoniis erroris redargutis (1). Itaque videntur hae professiones plenam fidem meruisse adversus ipsum
profitentem, pro eo valuisse parum; quod autem ad eos
attinet, de quibus essent receptae, his, nisi impugna-
rentur, ad plenam suffecisse probationem, sed admissam
omnino fuisse probationem contrariam (2). Non laedi statum liberorum ob tenorem instrumenti male concepti ,
Imp. Titus Antoninus rescripsit (3).

Quamdiu Acta publica conficiendi natamque prolem in
ea referendi steterit mos, ignoramus; sed adfuit hic certe
Antoninorum adhuc aetate (4), et Acta Urbis memorantur
etiam sub Alexandro Severo (5). In hoc autem profitendi
more nonnulla innovavit M. Aurelius Antoninus Philosophus.

§ 4.

De natorum professione ab Antonino
Philosopho instituta.

Praeclarus Imperator, quem Papinianus providentissi-
mum et juris religiosissimum praedicat (6) et Justinianus

---

(1) Suet. Cal. 8.
(2) Cf. Appul. l. l. Add. *Hein.* ad L. P. P. p. 215.
(3) L. 8. D. *de statu hom.* (1. 5).
(4) Appul. l. l.
(5) Ael. Lampr. in vita p. 115; utor editione Hist. Aug. scriptorum VI *Casauboni* et *Salmasii* (Par. 1620).
(6) L. 67. § 10. D. *de leg. II.* Ejus humanitatem laudat Callistratus in L. 31. D. *de L. Corn. de fals.* (48. 10).

interdum philosophissimum vocat (1), cum aliis multis constitutionibus de civium statu et securitate egregie meri-
tus est, tum utilissimi instituti auctor a Capitolino lau-
datur. Hoc teste, »liberales causas ita munivit, ut pri-
»mus juberet apud Praefectos aerarii Saturni unumquem-
»que civium natos liberos profiteri intra tricesimum diem,
» nomine imposito. Per provincias tabulariorum usum in-
»stituit, apud quos idem de originibus fieret, quod Romae
» apud Praefectos aerarii: ut si forte aliquis in provincias
»natus causam liberalem diceret, testationes inde ferret.
»Atque hanc totam legem de assertationibus firmavit'' (2).
Mirari sane licet hanc institutionem in Corpore Juris non
inveniri, quamvis aliquoties ibi professiones, ex illa factae, commemorentur. Verum idem de pluribus instrumentis publicis, de quibus ipse Justinianus nova non introduxit, factum est, licet quaestiones ex iis ortae persaepe tractentur. Scilicet juris architectus haec, ad pro-
curationem rei judiciariae pertinentia, ut satis superque
nota, omisisse deque iis statuisse videtur, quod dicit in
§ 6. I. *de satisd.* (4, 11), haec omnia apertius et per-
fectius quotidiano rerum usu in ipsis rerum documentis
apparere.

De tempore, quo lex lata sit, si quaeratur, Capitolinus solum quidem Marcum ejus auctorem nuncupat;
verum inde concludere non audeo post fratris ejusdemque
collegae mortem promulgatam esse. Nam, quod JCti
Romani hujus semper mentionem fecisse videntur in constitutionibus ipso vivo factis, in posterioribus ejus nomen omisisse, id an aeque accurate observaverit his-
toricus eo magis dubito, quod hic omnes de jure Constitutiones soli Marco tribuit. Potius ex eodem confici

---

(1) V. c. in L. 12. C. *de repud.* cet. (5. 17). In L. 19. C. *de
his quib. ut ind.* (6. 25) eum vocat prudentissimum Principem et
sacratissimum.

(2) Capitol. in v. pag. 26.

´posse videtur, constitutionem latam esse primis imperii
Antonini annis, Vero in Syria Parthicum bellum gerente
(161-166 p. C. N.). Memoratis enim rebus ab hoc ibi
gestis, sic pergit: » *Inter haec* Marcus liberales causas''
rel., ita ut inter Marci constitutiones ibi memoratas nostra primum locum occupet. Quibus accedit, quod dein
separatim referuntur, quae »sub M. Antonino sunt gesta
»post fratrem'' (1). Dubium igitur est, utrum Divorum
Fratrum responsum, quod Scaevola, praecipuus Marci
consiliarius (2), excitat in L. 29 pr. D. *de prob. et praes.*
(12. 3), post hanc constitutionem datum sit, an vero
eidem praecesserit; nisi forte quispiam illud ideo anti-
quius putet, quod in eo inter probationes, quae de filiis
dantur, harum professionum mentio non est facta.

Ut autem videamus, quaenam nova Antonini constitutio
introduxerit et quatenus hic celebris instituti *auctor* a
Capitolino dici potuerit, qua de re multum disputatum
est, operae pretium videtur ut paulo diligentius perpen-
damus, quid praecise constitutum sit. Qua in re ita versari cogimur, ut etiam ea, quae ex posterioribus temporibus nobis innotuerunt, admisceamus, quandoquidem
horum adeo ignoramus auctores, ut incertum sit, fue-
rintne ea jam a Marco, ultimo, quem cognovimus, professionum natalitiarum auctore, instituta, an dein ab
aliis addita.

Itaque Marcus primus *jussit* cives natam prolem profiteri. Quod ad id usque tempus consuetudinis, licet generalis (3), tantum fuerat, id Imperator in legis praeceptum convertit. Poenam tamen adversus negligentem
fuisse statutam, nec diserte traditum reperio, neque ex
quopiam loco elicere queo. Nullam tamen sancitam fuisse,

---

(1) pag. 30.
(2) Capitol. in v. p. 27. C.
(3) Appul. l. I. de anno fere 130 p. C. N., »natam filiam *reliquorum more* professus est.''

ac judicasse Imperatorem, cives ipsos adeo bene perspec-
turos esse, quanti sua interesset, ut legi obtemperarent,
ut poena et coactione opus non esset, eo minus credo,
quod experientia sane eum docuerat, non omnes hac ipsa
in re ita esse perspicaces, ut sua sponte liberos profiterentur. Sed fortasse levis fuit. Legem certe non religiose esse observatam, eo, quod etiam posterioribus
temporibus saepe aetatis probationes occurrunt absque
nativitatis scriptura, ita ut haec subinde vix postulata
fuisse videatur (1), atque omnino exemplorum falso probatae aetatis aut ingenuitatis aut familiae frequentiâ (2)
indicari videtur.

Porro pertinuit Marci constitutio ad *cives omnes*: generalior igitur fuit, quam aut Census aut in Acta profitendi
mos fuerat. Solos tamen *cives* auctor nuncupat; ad servos lex non pertinuisse videtur. Hoc indicat etiam addita a Capitolino legis ratio: *ut liberales causae muni-
rentur:* nimirum ut is, qui liber natus esset, se semper
talem probare, non, ut is, qui servilis esset conditionis, ubique servitutis argui posset (3). Memorantur quidem in JCtorum scriptis servorum quoque professiones,
sed a nostro instituto plane diversae sunt. Nam partim
ibi professiones apud publicanos (4), aut censitores (5),
fiscalium pensitationum causa, faciendae, partim servorum in jure confessiones intelliguntur. Etenim ex tribus
Diocletiani et Maximiniani constitutionibus, in Tit. C. *de*

---

(1) Vide e. g. Paul. in L. 32. pr. D. *de minor.* (44) et Diocl. et
Max. in L. 3. C. *si min. se maj. dix.* (2. 43).

(2) Vide finem hujus §.

(3) Cf. ultima Capitol. verba: »ut si quis — ferret.''

(4) V. g. in L. 16. § 1. D. *de publ. et vect.* (39. 4), »si quis
servus improfessus est,'' cff. § 3, 9, 12; ubi agitur de tributo
pro servis invectis solvendo, quam ob rem, quum invehebantur,
apud publicanos profitendi erant. Res nota est.

(5) V. g. in L. 4. C. *de agric. et cens.* (11. 47).

lib. causa (7.16) obviis (1), confici non posse, servos quoque natos apud acta fuisse professos, sed sermonem ibi esse de professione in judicio, cum ex L. 22. exordio, »Parentes natales, non *confessio* adsignat," tum ex ultimis ejusdem verbis, quae rescripti rationem reddunt, »cum servi nascantur ratione certa, non *confessione* »constituantur," tum ex voc. *interrogatam* in L. 24, apparere videtur. Saepius acta in judicio habita simpliciter *acta* vocantur (2), et v. *professio* potestate venit spontaneae *confessionis* (3). Accedunt, quod ubique sermo est de iis, qui *se ipsi* professi sint servos, et Pauli locus, qui rem *egregie* illustrat: »qui metu et impressione ali-»cujus terroris apud acta Praesidis servum se esse men-»titus est, postea statum suum defendenti non praejudi-»cat" (4).

Quem in finem professiones eae faciendae fuerint, ac diversum illum fuisse a professionum hactenus factarum proposito, jam animadvertere licuit.

Quamdiu natalium professiones voluntariae erant, non est verisimile certum tempus ei fuisse praefinitum. Hoc autem Marcus constituit, addita obligatione nominis imponendi (5). Imponebatur hoc die lustrico (6): postea professio fiebat,

---

(1) »Si ex ancillâ nata, post ad libertatem pervenisti, te servam »professa velut ex ancilla altera natam, hujusmodi simulatione vel »errore quaesitam manumissione libertatem amittere minime potuisti," L. 22; »Interrogatam, et professam apud acta se esse ancillam, »hujusmodi factum defensionem libertatis non excludit," L. 24; »Liberos velut servos se profitentes, statum eorum mutare non posse »constat," L. 39.

(2) V. g. in L. 4. § 5. *de relat.* (11. 29), L. 1. C. Th. *de appell. et poenis* cet. (11. 30), ibique *Ritter.* Add. L. 9, L. 11, *ibid.*

(3) Cic. p. Caec. 9, p. Rab. perd. reo 6, al.

(4) Paul. Sent. V. 1. 4, ibique *Cujac.* et *Schult.*

(5) Antea sic legebatur: »liberos profiteri, intra tricesimum diem »nomine imposito." Hoc quomodo viros doctos torserit, animadvertentes quippe nomen diu ante tricesimum diem imponi consuevisse, vide apud *Hein.* op. l. pag. 266.

(6) Quo de vid. *idem* l. l.

intra trigesimum a nativitate diem, paulo laxiori spatio
professioni, quam nominis impositioni dato. Quam ob rem
Imperator nomen addi jusserit, neminem latet(1). Cognomen quoque addendum, certe postea interdum additum
fuisse, novimus ex Capitolino, narrante: »Illud satis con-
»stat, quod Gordianus I filium Gordianum nomine An-
»tonini ° et signo ° (2) illustravit, quum apud Praefectum
»aerarii more Romanorum professus filium, publicis actis
»ejus nomen insereret'' (3). Quaerere autem licet, num
nomine dein mutato, hoc quoque inserendum fuerit. Li-
berrimum omni tempore civibus Romanis fuisse nomen
cognomenve, quod vellent, sibi assumere idve mutare,
cum indicat frequentia institutionum testamentariarum sub
conditione *nominis ferendi* (4), ab ipsis etiam Impp. (5),
factarum, tum saepe constitutum est (6). Neque tamen
haec libertas nullis plane finibus circumscripta fuit (7),

---

(1) Adhibebatur subinde nomen ad genus probandum, L. 38. § 5.
D. *ad munic.* (50. 1), L. 9. C. *de lib. c.* (7. 16).

(2) *Casaub.* legendum censet *et in Senatu ill. et quum* rel., pag.
191, postea autem, pag. 193, *in censu.* Melius *Salmasius*, sublata
particula *et*, quam nec vetus editio agnoscit, et mutata interpunc-
tione, *filium, Gordianum nomine, Antonini signo illustravit,
quum* rel. *Signum* enim saepius usurpari pro *cognomine*, pluribus
exemplis docet p. 259. *Schellerus* hanc signif. non notat. *Significari* pro *cognominari* occurrit altero Capitol. loco, mox afferendo.

(3) Capit. v. Gord. I. p. 152. cf. Gord. II. p. 158. Ne quis
putet me supra de Appuleji loco argutiatum esse, quum etiam hoc
Capit. loco professio facta dicatur ΜΟΡΕ *Romanorum*, animadvertere liceat, h. l. voc. *mos* commode significare *legem*, quod plerumque facit, ubi de populi aliusve cujuspiam corporis institutis
sermo est, eam vero potestatem prorsus non esse ferendam, ubi
indefinite voc. adhibetur, uti altero loco, *reliquorum more.*
Cff. Lexx.

(4) Vd. *Brisson.* de form. VII. 26.

(5) Suet. Oct. 101, Tib. 26, Galb. 17.

(6) Arg. L. un. C. *de nom. mut.* (9. 25).

(7) Vd. v. g. Suet. Claud. 25, Domit. 10, Plut. Cic. p. 886,
Dio Cass. LI. 19; add. ejusdem fragm. Peiresc. XXXI. § 1. ibique *Reimar.*

et graviter imprimis puniebantur falsi nominis vel cognominis asseveratio(1), et dolosa nominis aut praeno-
minis aut cognominis mutatio (2). Ne igitur hae poenae
vane minitarentur ac facillime possent subterfugi, praeterea ut constaret aliquem dictae conditioni testamentariae
satisfecisse, a qua raro liberabatur (3), verisimile est,
non suffecisse, ut quis affirmaret, se nomen suum mu-
tasse atque nunc hoc vel illud ferre, sed debuisse hac de
re publice, et quidem ex Actis, constare. Atque haec
fortasse significant Dioclet. et Maxim., ubi dicunt, liberum non prohiberi, nomen vel praenomen vel cognomen
mutare *secundum ea, quae saepe statuta sunt* (4).

Liberos profitendi officium primo loco patri fuisse im-
positum, rei natura docet. Quum vero sic quaestio oriri
posset, cui id faciendum esset, patre mortuo aut absente
aut quacumque alia de causa(5) non profitente, vel prius
jam constitutum erat, vel nunc statim constitutum est,
uti Terentius Clemens, qui Divorum Fratrum videtur
aequalis(6), refert, ut matris quoque professio recipe-
retur, quin et avi recipienda esset (7). Quibusnam fraudibus haec matrum facultas ansam dederit, docet Scaevolae

---

(1) L. 13. pr. D. *ad L. Corn. de falsis* (48. 10), Pauli Sent.
V. 25. 11, ibique *Schult.*

(2) L. un. C. *de nom. mut.* (9. 25). Exemplum apud Suet. Vesp.
23, L. 10. C. *de ing. man.* (7. 14).

(3) L. 7, L. 63. § 10. D. *ad S. C. Trebell.* (36. 1).

(4) L. un. laud.

(5) L. 29. § 1. D. *de prob. et praes.* (22. 3).

(6) Videtur enim auditor fuisse Salvii Juliani, L. 6. D. *de vulg.
et pup. subst.* (28. 6), quem Divi Fratres amicum suum vocant in
L. 17. pr. D. *de jure patr.* (37. 14).

(7) L. 16. D. *de prob. et praes.* (22. 3), cf. L. 29. § 1. ibid.
Etiamsi Ter. Clemens libros suos ad L. P. P., e quibus desumta est
L. 16 laud., scripserit ante Marci legem, tamen ejus verba non
arguunt, quod *Hein.* l. l. p. 213 putat, tunc temporis natorum professionem jam *necessariam* esse visam, quum non de profitentis,
sed de professionem recipientis officio agant.

locus de muliere, quae, gravida repudiata, filium enixa
absente marito, ut spurium in actis professa erat(1);
nam, si vel contra leges alii jam nupta esset, nihilominus proles priorem maritum patrem habebat(2).

Quum autem non mater tantum, sed etiam pater aut
quivis alius facile falsa posset profiteri, nisi obligaretur
statim aliquomodo, probare quae profiteretur, verisimile
puto, testes aliquot professionibus fuisse adhibendos. Quae
suspicio eo confirmatur, quod jure Romano omnibus fere
actis, quae aliquando in probationem advocari possent,
nisi is, qui referret, ipsa insinuatione id, quod referret, perageret (3), rei communiendae causa, ut Paulus
loquitur (4), adhibebantur testes.   Ex laud. tamen Capitolini verbis illud elici nequit.   Sed nescio an, de
posterioribus certe temporibus, suspicioni nonnihil momenti accedat ex constitutione Justinianea, in Corpore
Juris non obvia, verum servata a Basilicis, quorum haec
sunt verba: χρεῖα δ' ἐν τῇ ἀποδείξει (scil., inter alia,
τῆς συγγενείας) μαρτύρων κ. τ. λ. — εἰ δὲ τὸ δικαίωμα
τοιοῦτόν ἐστι, ὥστε ἀντὶ πάντων ἀρκεῖν, ἴσως γὰρ ὑπόμνη-
μα δημόσιον ἦν, τότε οὐ δεόμεθα μαρτύρων. — Ἐπι-
φέρει δὲ καὶ ἕτερον κεφάλαιον ἡ διάταξις τοιοῦτον· ἐάν

---

(1) L. 29. § 1 laud. Saevius ejusmodi irata mulier repudiata agit
in L. 29. D. *de man. test.* (40. 4), ubi filium exponit, et in L. 39. D.
de poenis (48. 19). Cff. L. 4. D. *de extr. crim.* (47. 11) et Leonis
Imp. Const. 31.

(2) Arg. Suet. Oct. 62, Tib. 4, Claud. 1, Dio Cass. XLVII. 44,
Tit. D. *de agnosc. et al. lib.* (25. 3).

(3) Ut in agnitione, quae gestis monumentorum fit, ex Nov. 117.
C. 2, cf. infra Cap. IV. in f. et in donatione, ex L. 31. C. *de donat.*
(8. 54), ubi quae Zeno addit, » nam superfluum est privatum tes-
» timonium, cum publica monumenta sufficiant," non esse regulam,
sed solas donationes spectare, demonstratione non indiget. At vel
sic tamen testes plerumque donationis insinuationi adhibitos fuisse,
docent varia exempla apud *Spangenb.* negott. tabb. Antea necessarii
erant, Fragm. Vat. § 249.

(4) In L. 32. § 1. D. *de furtis* (47. 2).

εις ἐν ὑπομνήμασι καὶ ἐν συμβολαίῳ προςμαρτυ·
ρήσῃ, κ. τ. λ. (1). Largior equidem hoc ultimum Constitutionis caput non sola de genere ὑπόμνηματα δημόσια
comprehendere, sed de omnibus universe loqui, quibus
testes accessissent (προςμαρτυρεῖν), nec docere in quibuscumque actis publicis opus fuisse testibus : ita ut in ex-
ceptorum numero esse potuerint professiones natalitiae.
Magna tamen auctoritas, quae his instrumentis tribuitur, contrariae sententiae magis favere videtur. Quodsi
aliquando testes in professionibus hisce fuerint requisiti,
erit fortasse, qui putet hoc jam ante Marci legem obtinuisse, et horum quoque signacula respexisse Appulejum,
quum accusatorem juberet signa, tabulis, uxoris aetatem
demonstrantibus, impressa, recognoscere (2).

Inspectionis recens natorum, qualem hodieque magistratum, qui professionem recipiat, facere *oportet*, vestigia
hîc non reperio, quamquam a jure Romano non plane aliena
fuit, jubente nimirum edicto de ventre inspiciendo : » Quod
» natum erit, his, ad quos ea res pertinet, procuratori-
» busve eorum, si inspicere volent, ostendatur (3).

Liberos non tantum legitimos, sed spurios quoque in
acta fuisse referendos, vidimus ex Scaevolae loco supra
allato. Si quae tamen infamandi causa referrentur, v. c.
si mater falso aliquem filii sui patrem diceret, ea tol-
lenda fuisse videntur (4). Quaeri autem potest, an mortui
nati fuerint referendi, an ii qui ante trecentesimum diem
obiissent, similia plura ; verum quum ultra meras conjecturas in hisce progredi non liceat, omitto potius eas

---

(1) Basil. L. 38. *de test.* rel. (21. 1); *Cujac.* Obss. XIII. 38.
(2) Cf. supra pag. 23. Athenis pater, antequam filium in laudatas
supra tabulas posset referre, coram omnibus phratoribus jurare debebat se eum justo matrimonio procreasse, et contradicente quopiam generis controversia ab eorumdem suffragiis decidenda erat.
Vd. *Hermann* l. l.
(3) L. 1. § 10. D. *de insp. ventre* (35. 4).
(4) L. 37. D. *de injur.* (47. 10).

quaestiones. Hoc unum addamus, aliquando expositum colligenti opus fuisse professione apud Episcopum, testibus adhibitis(1), eique liberum fuisse videri, quod vellet nomen exposito imponere, ipsius adeo, quem patrem opinabatur(2).

Quod autem de superioribus temporibus suspicari tantum licuit, id nunc certo novimus, natorum professiones arctissime cum aerario fuisse conjunctas, et utrisque eosdem praefuisse magistratus. Romae recipiendae erant a Praefectis aerarii Saturni (3). Hi ab Augusto instituti, ut, Quaestorum Urbanorum loco, aerario illi praeessent, Antonini Philosophi aetate legebantur ex Praetura perfunctis (4). Erant igitur viri experientia jam probati et primario in civitate loco positi (5). Fortasse etiam cognoscebant de fraudibus circa professiones commissis (6). Penes eosdem Gordianorum aetate (240 p. C. N.) illud munus erat (7), et fortasse multo diutius fuit, siquidem non tantum sub Constantino M. illos adfuisse constat (8), sed frequens quoque eorum mentio fit in Corpore Juris (9). Si quis tamen dicat, mutata sub Constantino rei tributariae administratione translataque Constantinopolin imperii sede, professiones Romae non aliter atque

---

(1) L. 2. C. Th. *de expos.* (5. 7), ibique *Gothofred*.

(2) L. 29. D. *de man. test.* (40. 4).

(3) Notissimum est Augustum aliud addidisse aerarium, militare, *fiscum* vocatum, vd. *Hein.* Ant. Rom. I. 25. 11.

(4) De eorum fatis ab Augusto inde vide *Lips.* in Exc. ad Tac. Ann. XIII. 29, *Brisson.* Sel. Ant. III. 19, quosque ibi laudat. *Trekel.*

(5) Tac. l. l.; cf. Plin. Ep. V. 15. 3, Paneg. c. 91, 92.

(6) Vd. *Brisson.* l. l., ibique *Trekell.*

(7) Capit. Gord. I. p. 152.

(8) Vopisc. Aurel. in.

(9) L. 2. § 32. D. *de or. jur.* (1. 2), L. 8. § 19. D. *de transact.* (2. 15), L. 12. D. *de his quae ut ind.* (34. 9), L. 4. § 20. D. *de fid. lib.* (40. 5), L. 2. § 4 D. *ne quid in l. publ.* (43. 8), L. 13, L. 15. § 4, L. 42. D. *de j. fisci* (49. 14). Videntur etiam significari in L. 32. D. *ex quib. c. maj.* (4. 6) et in L. 15. § 6. D. *de j. fisci.*

in provinciis factas fuisse, me non habebit refragantem.
In his eas Marcus apud tabularios publicos fieri jussit.
Ipsi an prius jam affuerint, dubium est (1); sed, si Capitolino fides habenda est, professiones certe antea apud
eos aut omnino non aut parum generaliter fiebant (2).
Nimirum aderant in singulis civitatibus tabularii (3), qui
rationes seu chartulas publicas curabant, diversi ab iis,
qui integris provinciis aut judicibus aliisque magistratibus praesto erant (4). Post Honorii et Arcadii constitutionem fuerunt homines liberi, antea ipsarum civitatium
liberti publici (5); unde nescio an deducendum sit, quod

(1) Scilicet in vetere inscriptione apud *Gruter*. Inscrr. p. 63.
num. 10. occurrit, interprete *Westenb*. l. l., Antonini Pii libertus,
tabularius publicus Hispaniae citerioris. Caesaris autem libertis jam
Trajani aetate census in provinciis edebantur Plin. Ep. X. 5. Memorantur etiam tabularii a Cic. Verr. II. III. 79, p. Rabir. perd.
reo c. 3.

(2) Capitolinus, nisi fallor, non dicit, Marcum instituisse tabularios publicos: » per provincias tabulariorum publ. *usum* instituit,
» apud quos rel." Affirmare videtur solummodo, Imperatorem hujus
eorum usus fuisse auctorem. Verba ita accipit *Hein*. l. l., quasi
Capit. dicere voluisset, Antoninum tabulariorum publicorum usum
ad *liberales causas* primum produxisse, quum antea ad id potissimum
comparatum esset institutum, ut liberorum numerus et aetas inde
probaretur. Verum, ut dicam, quod sentio, tunc mire auctor ar-
gutiatus esset et valde obscure sententiam suam, protulisset.

(3) Vdd. v. c. L. 1. C. Th. *de censu* (13. 10), L. 8. eod., L. 5.
C. Th. *de iis quae adm.* (8. 15), L. 1, L. 7. C. *de exact.* (10. 19),
L. 1. C. *de cens.* cet. (11. 57). Peculiariter de iis agitur in Titt. C.
Th. 8. 2. et Just. 10. 69. Ab iis non diversi videntur Curatores in L. 18.
§ 9. D. *de vac. et excus. mun.* (50. 4) et Tabularum publicarum
Curatores supra p. 22 memorati. Unum tantum in quavis civitate
fuisse Tabularium, noli conjicere ex laud. L. 1. C. Th. et I. *de exact.*,
nam ibi significari videtur tabulariorum officium, tabular*ium*, non
tabular*ius*.

(4) Vd. *Gothofr*. ad C. Th. L. 1. *de tabul.*, scrib., rel. (8. 2) et
L. 1. *de exact.* (11. 9). Coram tabulario publico etiam descripta
fuisse conficienda, quae quis in judicio vellet proferre, colliges
forte ex Appul. Apol. p. 561.

(5) L. 5. C. Th., L. 3. C. *de tabul.* rel.

3 *

fraudibus fuerunt famosi (1). Nihilominus ut Praefectura
aerarii ad Senatum (2), ita tabulariorum munus ad cu-
riam (3) proximus videtur fuisse gradus.

Iisdem autem locis sacris, quibus antea depositae ferun-
tur, tabulae asservari et custodiri perrexerunt. Neque magis
ea, quae referri deberent, mutationem subiisse videntur,
nisi forte major accesserit diligentia. Duo quoque exempla
confici perrexisse videntur. Capitolini quidem verba, ideo
in provincias apud tabularios professiones esse praeceptas,
ut, si forte aliquis, in provincia natus, causam liberalem
diceret, *testationes inde ferret*, indicare videntur; orta
demum controversia descripta fuisse petita; sed neminem
fugit, etiamsi profitenti statim exemplum traderetur, tamen multis modis fieri potuisse, ut postea non ab eo,
cui opus esset, possideretur. Saepius autem in Corpore
Juris sermo est de generis instrumentis interversis aut
corruptis (4), cum ab aliis hominibus privatis, tum maxime
a tutoribus (5). Quod quum fieri vix posset, nisi praeter
exemplum in civitatis aerario depositum, alterum in privata esset possessione, posterioribus certe temporibus,
profitentem, sive ex lege sive ex more, semper aut plerumque sibi statim professionis exemplum exhibendum
curasse opinor. Atque hinc explicari poterit, quomodo
nec postea otiosa esset et usu venire posset constitutio
de duabus diversis in judicio prolatis professionibus (6).

Ex dictis, nisi fallor, apparebit, Antoninum non tam

---

(1) *Lips.* Exc. ad Tac. V. 4, *Gothofr.* ad L. 1. C. Th. *de tabul.*
(2) Plin. Il. Il.
(3) L. 2. C. Th. *de tabul.* L. 8. C. Th. *de cohortal.* (8. 4).
(4) V. g. in L. 8. § 1. D. *quod metus causa* (4. 2), L. 16. D.
ad L. Corn. de falsis (48. 10), al.
(5) L. 7. C. *de in int. rest.* (2. 22), L. 1. C. *si minor se maj. dix.*
(2. 43). Quomodo tutores cum ejusmodi instrumentis agere deberent,
vide in L. 24. C. *de adm. tut. et cur.* (5. 37); cff. Tit. C. *ut causae
post pub.* (5. 48), L. 1, 2, 4. C. *de in litem jur.* (5. 53).
(6) Vide supra pag. 24.

novum plane institutum invenisse, quam potius veterem
morem in legem convertisse (1), alium ei proposuisse
finem, quaedam etiam addidisse, et universe institutum
stabilivisse atque conformasse magis, quam immutasse. Nam
ne hoc quidem ex paucis scriptorum testimoniis conficere
licet, professiones nunc desiisse aliis diversissimisque re-
lationibus immisceri, sed propriis libris tabulisve inscrip-
tas fuisse; quamquam hoc illo verisimilius est, etiam si
Actorum antea confectio iisdem mandata fuerit magistratibus, quos Marcus professionibus praefecit; pro certo autem
id haberi licet, si ad alios ille institutum transtulerit (2).

Superest ut paucis videamus de harum professionum in
jure auctoritate et fide. Quae de professionibus Antonini
lege superioribus dicta sunt, etiam hîc magnam partem
valent. Quum census et monumenta publica potiora
essent testibus (3), non licebat quidem testibus contrarium
probare ejus, quod professionibus contineretur, sed poterant tamen hae falsi accusari (4). Praeterquam quod
ipsius instrumenti fides impugnari poterat, licebat etiam
id, quod relatum esset, impugnare. »Mulier," ait Scaevola, »gravida repudiata, filium enixa absente marito,
»ut spurium in actis professa est: Quaesitum est, an is
»in potestate patris sit, et matre intestata mortua jussu
»ejus hereditatem adire possit; nec obsit professio a matre
»irata facta? Respondit, *veritati locum superfore*" (5). At-

---

(1) Perinde aliae professiones primum moribus introductae et voluntariae, deinde, perspecta utilitate, in legis necessitatem conversa
fuerunt, v. g. *donationum*, vd. *Klinkhamer* Comm. laud. p. 154 sq.,
publicationis et *aperturae testamentorum*, vd. *Savign.* Gesch. d.
R. R. im Mitt. Tom. I. p. 82 sqq.; quibus exemplis passim alia
addet disputatio nostra.

(2) Aliorum de mutatione ab Antonino introducta opiniones vide
apud *Trekelium* ad *Brisson.* Sel. Ant. I. 5, et copiosius apud
van Rappard disp. laud. Cap. I. § 8-11.

(3) L. 10. D. *de prob. et praes.* (22. 3).

(4) Arg. L. 13. D. *eod.*

(5) L. 29. § 1. D. *eod.*

que hoc juris Romani principium, plus valere quod agitur, quam quod simulate aut errore concipitur (1), aliis quoque locis de his professionibus sancitum est (2). Ubi autem neque ipsum instrumentum neque professio impugnaretur, quod ipsi profitenti facere non licuisse manifestum est, magna hujus erat auctoritas et ad plenissimam probationem sufficiebat. Quoties fere generis, aetatis, originis probatio exigitur, haec instrumenta primo loco nuncupantur (3). Nonnumquam negatur restitutio in integrum, »nisi palam et evidenter ex *instrumentorum probatione* — »te fuisse minorem ostenderis (4).'' Nec opus erat, ut aliae probationes accederent, quum omnium probationum vice esse possent (5).

At vero videtur utilissima Marci lex, ut diximus, non

---

(1) L. 6. § 1. D. *de off. Praes.* (1. 10), L. 3. § 3. D. *de jurej.* (12. 2), L. 5. § 9. D. *de agn. et al. lib.* (25. 3), L. 1. pr. D. *si mulier ventris nom.* (25. 6), L. 30. § 4. D. *de acq. vel om. her.* (29. 2), L. 4. § 1. D. *de man. vind.* (40. 2), Tit. C. *plus valere quod agitur,* rel. (4. 22), L. 2. C. *de emanc. lib.* (8. 49), L. 8, L. 10. C. *de donat.* (8. 54), L. 4. C. *si minor se maj. dix.* (2. 43), L. 5. C. *de juris et facti ign.* (1. 18), al. cf. tamen L. 15. D. *de acq. vel om. her.* (29. 2).

(2) »Non nudis asseverationibus, nec ementita professione (licet »utrique consentiant) — filii civili jure patri constituuntur,'' L. 14. C. *de prob.* (4. 19), »Neque professio, neque adseveratio nuncu-»pantium filios, qui non sunt, veritati praejudicat,'' L. 5. C. *de test. et quemadm.* rel. (6. 23); add. L. 6, L. 20. D. *ad municip.* (50. 1), L. 15. C. *de lib. causa* (7. 16).

(3) Tit. 35. Papiani lib. Respons., L. 2. § 1. D. *de excus.* (27. 1), L. 1. C. Th., L. 2. C. *de his qui ven. aet.* (2. 17; 2. 45), Basil. l. pag. 38. 1. L. 15. C. *de testib.* (4. 20), cf. L. 2. C. *eod.* Probationes non recensentur in L. 4. C. Th. *de agent. in rebus* (6. 27), Tit. C. Th. *quid prob. debeat* cet. (7. 2), L. 1. C. Th. *de tiron.* (7. 13), L. 4. C. *de fabric.* (11. 9), alibi.

(4) Non per testium depositiones — L. 3. C. *si minor. se major. dix.* (2. 43).

(5) Vd. nota 4. Add. de harum professionum fide *Westenb.* loco laud. § 14. et *van Rappard* disp. laud. Cap. III. § 4.

admodum religiose fuisse observata. Etenim non tantum
variis Impp. constitutionibus cavendum fuit, ut amissa per-
ditave professione statui non noceretur (1), sed etiam ut
male concepta (2) aut prorsus omissa non obesset (3), quum
praeterea, ubi generis aetatisve probatio jubetur, nescio
an numquam solae professiones memorentur, sed semper
aliae addantur probationes, quibus ea aeque fieri possit (4),
ita ut suspiceris persaepe probationes defecisse.

Sectio II.

DE RELIQUIS PROBATIONIBUS, HUIC CAPITI PROPRIIS.

Deficiente nativitatis scripturâ, probandum est, ut
Modestinus loquitur, ἐξ ἑτέρων ἀποδείξεων νομίμων (5).
Earum praecipuae erant testes, adnotationes domesticae,
epistolae (6). Verum de his aliisque probationibus, cuique statui communibus, infra erit dicendi locus. Hic
eas tantum recensebimus probationes, quae generi, aetati,
reliquis, quae professionibus natalitiis probari soleant,
propriae sint.

------

(1) L. 6. C. *de fide instr.* (5. 21), L. 15. C. *de lib. causa* (7. 16).
Conf. de aliis instrumentis, praeter reliqua de statu dein laudanda,
L. 18. C. *de testib.* (4. 20), L. 1, L. 4-8, L. 11 seqq. C. *de fide
instr.*, L. 2. C. *de revoc. don.* (8. 56), L. 2. C. *de discuss.* (10. 30),
Justiniani Edict. III.

(2) Etenim adoptarunt Antonini Pii rescriptum in L. 8. D. *de statu
hom.* (1. 5).

(3) L. 15. C. *de lib. causa.* Arg. praeterea ll. ll. in not. 4 et 7,
et regula generalis, quam colliges ex L. 4. D. *de fide instr.* (22. 4),
L. 5. D. *eod.*, L. 9, L. 10, L. 12. C. *eod.*, L. 12. C. *de probat.*

(4) Vd. n. 4. In L. 1. C. Th. *quid prob. deb.* soli adeo testes
memorantur.

(5) L. 2. § 1. D. *de excus.* (27. 1).

(6) Vd. pag. 38. nota 3; add. L. 29. pr. D. *de prob. et praes.*, al.

§ 1.

De generis e corporis morumque similitudine probatione.

Ut alibi, ita Romae quoque oris vultusque similitudo non certa quidem habebatur de parentibus probatio, sed gravissimum tamen indicium, et maximum imprimis judicabatur maternae pudicitiae signum et testimonium. Maxime, si alia concurrerent, v. c. animi, morum, morborumque similitudo. Pluribus poetarum locis hoc demonstravit *Westenbergius* (1), quibus cum alia e prosae orationis scriptoribus addi possint, tum haec, quod Suetonius narrat, Othonis Imperatoris patrem tam carum tamque non absimilem Tiberio Principi fuisse, ut plerique procreatum ex eo crederent (2), et Caligulam refert se firmiter patrem credidisse ac professum esse filiae, quam ex adultera procreasse videbatur, quod illa sibi feritate conveniret (3). Vix autem dubium est, quin haec indicia in jure quoque aliquam vim habuerint, maxime si pater partum legitimo tempore conceptum negaret. Omnis enim jure prodita admitti debet probatio (4), et alia quoque ejusdem generis indicia, ut nomen (5), parentum amor (6), sim., minime respuebantur. Indicia autem certa, quae jure non respuuntur, non minorem probationis, quam instrumenta, continent fidem (7).

---

(1) D. Marcus, Disp. VII. § 10.
(2) Suet. Oth. 1.
(3) Suet. Cal. 25. Add. v. Caes. 52.
(4) L. 15. C. *de lib. causa* (7. 16).
(5) Vd. supra p. 30. nota 1.
(6) »Non facile credendum subjectam eam, quam ambo parentes »dicuntur caram filiam habuisse,'' L. 1. § 3. D. *de quaest.* (48. 18).
(7) L. 19. C. *de rei vind.* (3. 32).

§ 2.

De aetatis ex aspectu probatione.

Praeter alias probationes, reliquis status speciebus communes, una etiam memoratur, quam, dudum introductis professionibus natalitiis aliisque instrumentis produci solitis, ad aetatem probandam fuisse adhibitam, admodum miror. Si enim postularetur, ut quis majorem se probaret, et senex aut vir diu adultus prodiret, supervacaneum fuisse, ut instrumentis ille aetatem demonstraret, facile largior; verum ea aetatis probatio ex aspectu corporis vel admissa fuit in iis, de quibus certum erat, ipsos, si aetatem probandam jam superassent, certe vixdum hoc fecisse. Etenim Paulus hanc quaestionem sibi delatam memorat: »Minor viginti quinque annis, adito »Praeside, ex aspectu corporis falso probavit perfectam »aetatem: curatores cum intellexissent esse minorem, »perseverarunt in administratione:" rel. (1). De eadem, ut videtur, re servatum est etiam Imperatoris, sub quo Jctus ille floruit, responsum: »Si cum minor annis vi- »ginti quinque esses, tabulis, quae sunt tuarum profes- »sionum, oblatis *tibi*, aetatem quasi major annis viginti »probasti," rel. (2); verbum enim *probare* arguit, minorem non tantum majorem se dixisse vel adseverasse (3), sed etiam talem a judice esse decretam, et tabulae illae minori tantum, non ab hac judici videntur oblatae. Neque sub Diocletiano et Maximiniano Impp., qui ceteroquin tam egregie de probationibus earumque fide meriti sunt (4), prohibitae fuisse videntur fallaces illae proba-

---

(1) L. 32. D. *de minor.* (4. 4).

(2) L. 1. C. *si minor. se maj. dix.* (2. 43).

(3) Haec verba de iis usurpabantur, qui hominibus privatis se majores affirmassent, arg., inter multa, Inscr. et L. 2. C. *eod.*

(4) Vide v. g. Titt. C. *de probat.* (4. 19), *de testib.* (4. 20), *de fide instr.* (4. 21), *de lib. causa* (7. 16).

tiones. Nam rescribunt alicubi: »Si alterius circumve-
»niendi causa, minor aetate majorem te probare aspectu
»laboraveris: — Aditus itaque Praeses provinciae, pro-
»bationis aetatis examinatâ causâ," rel. (1), et forte aliis
quoque locis similes causas tractant (2). Neque tamen in
causis memoratis defuerunt meliores probationes. Nam modo
curatores certe veram aetatem norunt, modo professiones
adeo exstant. Sed videntur haec meliora argumenta saepe
ne rogata quidem et aetatis probatio valde leviter tractata
fuisse.

§ 3.

*De liberorum agnitione in instrumento publico
vel privato, aut testamento.*

Quum ne professio quidem contrariam probationem ex-
cluderet, facile intelligitur, neque adseverationem in
testamento nuncupantium filios, qui non sunt, veritati
praejudicasse (3), et si quis eum quasi filium heredem
instituisset, quem falsa opinione ductus suum esse cre-
didisset, non instituturus, si alienum nosset, potuisse
hunc subditum ostendi et successione privari (4); eo magis, quod non tantum dolo aut errore id facere potuerat,
sed etiam ut amica appellatione heredem aliumve hono-
raret, quod apud Romanos haud insolitum fuisse videtur (5). Idem procul dubio dicendum erat, si quis in in-

---

(1) L. 3. C. *si minor. se maj. dix.* (2. 43).
(2) L. 4. C. *eod.*, L. 7. C. *de in int. rest.* (2. 22). Praetor de
pubertate deceptus est etiam in L. 3. § 3. D. *de Carb. ed.* (37. 10).
(3) L. 5. C. *de testam. et quemadm.* rel. (6. 23). Cff. L. 5. C.
de her. inst. (6. 24), L. 7. C. *de test. mil.* (6. 21).
(4) L. 4. C. *de her. inst.*
(5) L. 12. C. Th. *de fil. nat. oet.* (4. 6) ed. *Wench.* L. un. § 10.
C. *de Lat. lib. toll.* (7. 6), § ult. J. *de adopt.* (1. 11). Cf. *Fabr.*
ad Theoph. *eod.*

strumento publica privatave manu conscripto, aut in actis
gestisve monumentorum, declarasset, hunc vel illum suum
esse filium. Neque hoc immutarunt Anastasii (1) et Justiniani (2) constitutiones, infra accuratius explicandae.
Nam quamvis illi constituerint, ejusmodi declarationem
sufficere, ut quis se filium legitimum probaret, non tamen
haec ita sunt iutelligenda, quasi hoc instrumento aliquis
plenissime *filium* se probaret, sed ut sufficeret ei, si filium
esse constaret, ad probandum se filium legitimum (3).
At vel sic tamen, non minus certum est talem declarationem vix minorem habuisse, quam professionem, auctoritatem, et quamdiu nemo contradiceret, plene proba-
visse, ita ut filio sufficeret illam proferre, neganti incum-
beret probandi officium.

§ 4.

De aliis nonnullis probationis adminiculis.

Indiciorum numerum, quorum alio hoc, alio illud magis de natalibus probaretur, facile augeri posse, quisque
intelligit. Sic Suetonius Augusti nomen puerile probat
imaguncula, *Thurini* nomine inscripta, adhibitis contu-
meliosis Antonii ad ipsum epistolis ipsiusque responso (4).
Caligulae locum natalem cum aliunde tum ex arae inscriptione et incerti auctoris versiculis prodit Plinius,
alium ex Actis et Augusti epistola Suetonius (5). Denuo
hic Galbae proavum et nobilitatem probat statuarum titulis (6), et Vespasiae familiae splendorem et vetustatem

---

(1) L. 4. § 4. C. *de adv. div. judicum* (2. 8).
(2) Nov. 117. c. 2.
(3) Vide infra Cap. IV in fine.
(4) Suet. Oct. 7.
(5) Idem Cal. 7 ibique *Ernestii* Exc.; cf. Tac. Ann. I. 41 ibique
Lipsii Exc.
(6) Suet. Galb. 2.

compluribus ejus monumentis (1). Verum, licet istiusmodi argumenta, quibus addam etiam tabulas genealogicas, in plerisque procul dubio familiis confici solitas,
et subinde vel publice suspensas (2), aliquam vim in jure
quoque habuerint, sola per se ad plenam probationem
non suffecisse, sed fuisse tantum indicia, cuipiam verisimile videbitur, qui quam facile fraudes in iis committi,
aut adulatio ac nimia nobilitatis cupido falsa comminisci
potuerint, consideret (3). Quocirco haec parvi momenti
instrumenta nos non diutius morabuntur.

CAPUT SECUNDUM.

DE PROBATIONIBUS ADOPTIONIS.

Status natalibus acquisitus antiquitus semper, jure Justinianeo plerumque insignem subibat mutationem Adoptione: filius aut denuo patrem accipiebat, aut eo mutabat,
aut, jure novissimo, alium adquirebat. Opportunum itaque
videtur, ut, absolutis natalium probationibus, videamus,
quibus instrumentis illa natalium imitatio posset probari.

(1) Idem Vesp. 1.
(2) Idem Galb. 2.
(3) Vd. Suet. ll. ll.; add. Vesp. 6, 12, al.

Sectio I.

Quum antiquitus filius adoptivus plane transiret in patris adoptivi familiam, ita ut huic aliquando inter praemia patrum prodesset (1), tamquam hujus filius etiam in tabulas censorias referebatur (2). Et quamvis haec patris adoptivi professio non plene probare valeret factam adoptionem, quippe quae per ipsum Censum perfici non poterat, sed grave ex patris naturalis filiive patientia de veritate professionis peti posset argumentum, quum tamen ignoremus an ad adoptionem probandam umquam tabulae illae adhibitae sint, iis, quae supra de ipsis diximus, hic nihil addemus.

Verum negligendum non est, Appianum testari, omnem adoptionem, tam eorum, qui sui juris essent, quam filiorumfamilias, in Praetorum acta fuisse referenda. De Octaviano enim, Caesaris testamento in filii locum adscito, narrat, eum, antequam haec institutio, ut dein videbimus, arrogatione confirmaretur, accessisse ad Praetorem Urbanum eique dixisse, se adoptionem accipere: ἔθος γάρ τι Ρωμαίοις, addit, τοὺς θετοὺς ἐπὶ μάρτυσι γίγνεσθαι τοῖς στρατηγοῖς· ἀπογραψαμένων δὲ τῶν δημοσίων τὸ ῥῆμα, κ. τ. λ. (3). Sed quum haec professio

_____

(1) Vd. Gell. V. 19. Postea id aliter fuit, vd. L. 2. § 2. D. *de vacat. mun.* (50. 5).

(2) Arg. Gell. l. l. in fine, ubi *patrem* significari naturalem, non adoptivum, docent verba sequentia, in quibus tamen alter pater intelligitur (» ex *se* natum"); quam explicationem ne quis audaciorem, credat, animadvertimus Gellium videri non partem orationis Scipionis Censoris referre, sed aliquot dispersas ex ea enunciationes conjungere.

(3) Appian. Bell. Civ. III. 14, ubi *Schweigh.* vertit: *mos Romanis est, adoptioni auctoritatem Praetoris interponere. Illo verbo per scribas in publica acta relato*, cet.; et adnotat: » ad verbum » sic fuerat, dicendum: *adoptatos fieri* (nempe tales; id est adop-

arrogationi praecesserit, dubitari fortasse licet de Appiani diligentia (1) ac credere Caesarem, ut statim institutio aliquam vim haberet, usurpasse institutum quod mox videbimus proprie ad solam adoptionem in specie pertinuisse.

Quidquid hac de re sit, animadvertere debeo, plura quidem exstare loca, ubi adoptio jure facta esse negetur (2), vix ullum vero mihi innotuisse ipsius adoptionis negatae exemplum aut locum, ubi de ea probanda agatur (3); quamquam certum est, saepius opus fuisse, ut adoptio probaretur. Unde merito conjici posse videtur, ita de quavis adoptione constitisse, ut fere supervacanea essent de eâ probandâ praescripta, utque semel facta vix ullo modo posset negari. Non tamen id professionibus aliquibus, sed aliis instrumentis, quorum major erat, quam relationum, fides, et singulari adoptionis apud Romanos rationi, ex qua publica auctoritate indigebat ac publice fieri debebat, tribuendam censeo (4).

» tiones fieri) *testibus praetoribus.*" Ex hoc loco *Sigonius* de Judiciis I. 12, *Rosin.* op. l. IX. 10, alii confecerunt testibus praesentibus adoptiones apud praetorem fieri solitas fuisse.

(1) » Der im privat- und staatsrechtlichen Detail so selten zuver-» lässige Appian," inquit Cl. *Dirksen*, Versuche z. Kritik u. Ausleg. d. Quellen des R. R., p. 80, quamquam ibi immerito aliquem illius locum reprehendere videtur.

(2) Cicero in or. pro domo nonnumquam Clodii arrogationem *simulatam* quidem vocat, non tamen quod non esset celebrata, sed quod nulla esset. Add. L. 28. D., L. 4. C. *de adopt.* rel. (1. 7; 8. 48), L. 29. § 3. D. *de ineff. test.* (5. 2), L. 7. D. *de Carb. ed.* (37. 10). In L. 3. § 6. D. *de minor.* (4. 4), adrogatio non negatur, sed probata rescinditur. In L. 3. § 4. D. *de lib. exhib.* (43. 30), non affirmat quis se patrem adoptivum, sed naturalem.

(3) Julianus L. 7. § 1. D. *de Carb. ed.:* » si impubes in adoptionem » datus esse dicatur, et ideo negetur naturalis patris hereditas ad eum » pertinere: quia et hoc casu quaeritur, an jure filii hereditatem ob-» tinere possit, locus erit Carboniano Edicto." Cf. tamen Cap. seq. in f.

(4) Egregie nuper de adoptionis apud Romanos ejusque formae origine et ratione disputavit cons. *van der Kemp*, in tractatu de jure XII Tabb. circa jura personarum et successionum, in Bijdragen tot Regtsgel. en Wetgev., IX. 4. pag. 434-439.

Itaque investigaturi, quaenam in hoc duplici actu legitimo fierent, quibus dein posset probari, initium faciemus ab arrogatione, quoniam haec plerumque antiquior censetur (1).

Sectio II.

DE RELIQUIS PROBATIONIBUS ADOPTIONIS.

§ 1.

De Probationibus Arrogationis.

Arrogatio libera republica, quin diu quoque sub Impp., lege curiata fiebat (2). Scilicet instituta a Pontificum collegio inquisitione in adoptantis aetatem, adoptionis causam, alia (3), coram populo curiatim convocato, interrogabatur et is, qui adoptaret, an vellet eum, quem adoptaturus esset, justum sibi filium esse, et is, qui adoptaretur, an id fieri pateretur, et populus, an id fieri juberet (4); populo autem ita jubente perlata erat lex et perfecta adrogatio (5). Hanc autem legem a Pontificibus, qui comitiorum arbitri fuerant (6), confectam ·esse et asservatam, rei natura docet. Praeterea omnem actum

---

(1) *Zimmerm.* Gesch. des Röm. Privatr., I. II. § 221.
(2) Cic. or. laud. c. 15. § 39, Suet. Oct. 65, Tac. Hist. I. 14, Gell. V. 19, Dio Cass. XXXVII. 51, XLV. 5, Appian. B. C. V. 94. Intercedere poterant Tribuni Plebis, Dio l. l.
(3) Vd. *Hein.* Ant. I. 11. 8.
(4) Gaj. I. 99. cff. Cic. l. l. et c. 29. § 77, ubi verba arrogatum rogari solita commemorantur, Gell. l. l., qui populi rogationem servavit, Herodian. V. 7. 4.
(5) Cic. et Gell. ll. ll. Lex trinundino ante proponenda fuisse videtur, ob Cic. or. l. cap. 16. § 41, Dio Cass. XXXIX. 11.
(6) Gell. l. l.

a Pontifice Maximo, additis patris et adoptati nominibus, die quoque et Consule, scripto fuisse mandata, antea quidem Annalibus, quos domi cuiquam legendos proponebant, postea privatis solum collegii commentariis sive actis, non est quod dubitemus, quum sacrorum custodia ei imposita hoc plane postularet, et indicare videntur etiam haec apud Ciceronem verba: »Pontifices ab incon- »stantia (sc. sententiarum) gravitas, a libidinosa sententia »certum et definitum jus religionum, *vetustas exemplorum* »*auctoritas literarum ac monumentorum* deterret'' (1). Itaque olim arrogatio constabat duobus instrumentis publicis, quae nec facile perire poterant et, nisi falsi accusarentur, plenissimam ad probationem valebant.

Summo imperio a populo ad Principem translato, arrogatio quoque per populum sensim conversa est in arrogationem per Principem (2). Primum ipsi principes eorumve amici, spreta Pontificum auctoritate, vel coram populo, vel pro militum concione (3), vel in senatu (4), vel alibi (5) adrogarunt. De ejusmodi autem arrogatione, prop-

---

(1) Cic. p. Domo c. 2. Si quis etiam haec ex eadem oratione, c. 12 in fine, verba: »Quid est enim — tam stultum, quam, si »quis quid in *vestris libris* invenerit, id narrare vobis,'' adhiberi posse judicet, objiciam, iis videri non tam arrogationum exempla, quam potius generalia de arrogationibus et universe de religione praecepta respici: haec enim Pontificum *libros*, res gestas *commentarios* continuisse. Cf. *Baehr* Gesch. d. Röm Lit. § 168, n^a 1.

(2) Vd. *Zimmern* op. l. I. II. § 221. p. 812. Hoc si quis jam ante Gaji aetatem factum putet ob L. 2. et L. 21. D. *de adopt. et emanc.* (1. 7), vid. Gaji I. 98 sqq. et conf. frater dilectissimus in Comm. praemio ornata, *digestorum seu Pandectarum partium IV priorum ex codd. rescriptis illustrationem* continente, p. 17, sqq.

(3) Tac. Hist. I. 17, 18, Suet. Galb. 17.

(4) Tac. Hist. I. 17, 19. Dio Cass. LXXIX. 17. Cff. Tac. Ann. XII. 25, quamquam scio recte *Hein.* op. l. I. 11. 13. animadvertisse, ibi legem curiatam rogari.

(5) Nerva, cum propter praecipitatam senectutem contemtui esset, »in Capitolium adscendit, ibique magna voce: »Quod felix faustumque »sit,'' inquit, »Senatui populoque Romano, mihique ipsi, Marcum Ulpium

ter patris filiique splendorem, vix dubium oriri potuisse, quisque videt. Quodsi tamen oriretur, constabat illa vel ex Senatus actis, de quibus supra monuimus, vel, si coram militibus esset perfecta, ex principis commentariis, actis urbanis, aliis forte pluribus monumentis publicis, ita certe accurate, ut Tacitus talis arrogationis narrationem sic incipere posset: »Quartum Idus Januarias, foe-»dum imbribus diem, tonitrua et fulgura et coelestes »minae ultra solitum turbaverant," rel. (1). Inter privatos tamen etiam ad Gaji et Ulpiani aetatem mansit vetus solennitas, quamvis de illorum arrogatione interdum Principes ad Pontifices rescriberent (2). Tandem vero privatorum quoque arrogatio ex Principis facta est rescripto (3), et causae cognitio a Pontificibus ad judicem transiit (4): ita, opinor, ut haec illud sequeretur, et magistratus demum cognitio rem perficeret (5). Scilicet causa arrogationis jam precibus erat addenda (6), sed in illius veritatem Princeps non inquirebat: hic arrogationem ob allatam causam vel negabat vel ita permittebat, si competenti magistratui pateret, veram esse causam, nec aliud quidquam, aetatem, mores, similia, arrogationi obstare, et consen-

---

» Nervam Trajanum adopto." Dio Cass. LXVIII. 3; cff. Plin. Paneg. c. 8, Aurel. Victor de Caess. XIII. 1, Ael. Spartian. v. Hadr. p 2 et 3. *Hein.* Trajanum *adoptatum* putat, Ant. R. I. 11. 15. Dubito an recte.

(1) Tac. Hist. I. 18.

(2) Gaj. I. 102, L. 32. § 1. D. *h. t.*, ubi Imperator non ipsi patri aut filio adoptivo rescribit, sed ei, cujus erat causae cognitio, opinor Pontifici.

(3) Titt. I. *de adopt.* (1. 11), D. *eod.* (1. 7), C. *eod.* (8. 48), passim. Potuit tunc etiam in provinciis arrogari, L. 2, L. 6. C. *h. t.*, quod antea non potuerat, Gaj. 1. 100, Ulp. VIII. 4.

(4) L. 39. D. *h. t.*, L. 2, L. 6. C. *eod.*

(5) Vd. ll. modo ll., quibus add. L. 5, L. 15. § 2, L. 17, L. 18. D. *h. t.*

(6) L. 2, L. 5. C. *h. t.* Plerumque is, qui arrogaturus erat, solus preces offerebat, vd. Inscrr. Legum C. *h. t.*

4

tire filium (1). Itaque coram hoc, hujus decreto, praesentibus patre ac filio (2) et, si minor arrogaretur, etiam
tutore curatoreve et cognatis (3), consummabatur arrogatio.
Plerumque quidem, ut rei natura docet, si majores arro-
garentur, haec causae cognitio erat simplicissima, quin
interdum forte simplicior, quam arrogato expediebat (4);
sed errabit tamen magnopere, si quis ob § 3. I. *h. t.* (5)
putet, cognitionem in sola impuberis arrogatione fuisse
habitam, in reliquis omissam. At hunc actum magistratus scripto mandabat. Hoc satis inde confici licet, quod
singula magistratuum facta publica redigebantur in ipsorum acta, a scribis, quos sibi adjunctos habebant, conficienda. Arguit praeterea L. 18. D. *h. t.*, ubi legimus:
» non aliter voluntati ejus, qui adoptare pupillum *subscri-*
» *bendum* erit, quam" rel. Ac disertius id dicit L. 2. C.
h. t., ubi Impp., » Arrogatio," ajunt, » ex principis indul-
» gentia facta, perinde valeat apud Praetorem vel Praesi-
» dem *intimata*" (i. e. quam primum ejus actis inserta sit),

---

(1) L. 5, L. 15 § 2, 3, L. 17, L. 18, L. 39, L. 40. § 1. D.,
L. 2, L. 5. C., § 3, sqq. I. *h. t.* Zeno Imp. jussit, ut omni rescripto haec diserta clausula adderetur: *Si preces veritate nitantur.*
L. 7. pr. C. *de div. rescr.* (1. 23). Cff. L. 29. D. *ad L. Corn. de
falsis* (38. 10), L. 4. C. *si contra jus* rel. (1. 22).

(2) L. 24, L. 25. § 1. D. *h. t.*

(3) L. 8, L. 39. D., L. 2. C. *h. t.*

(4) » Si quis minor viginti annis adrogandum se dederit, et in ipsa
» adrogatione se circumventum dicat (finge enim a praedone eum
» hominem locupletem adrogatum): dico debere eum audiri in inte-
» grum se restituentem." Ulpianus in L. 3. § 6. D. *de minoribus* (4. 4).
Praedo saepius dicitur *ex nulla causa possessor,* vd. *Brisson.* in v.;
hoc loco est *homo qui alienis bonis sine vi aut dolo inhiat* (eas
nondum possidet), quo sensu an alibi occurrat, nescio. Minor ille
jure erat arrogatus, alioquin locus non fuisset restitutioni in integrum.

(5) » Cum autem impubes per principale rescriptum adrogatur,
» causa cognita adrogatio permittitur," rel. Neque magis quis putet
omnem causae cognitionem Ulpiani aetate in puberibus, etiam minoribus, omissam fuisse, ob L. 3. § 6. laud.; nam vide Ulpian. in
L. 15. § 2, L. 17, L. 24, L. 25. § 2. D. *h. t.*

»ac si per populum jure antiquo facta esset" (1). Quo loco ne quis doceri judicet, regulariter rescripti intimationem suffecisse, nec praecedere debuisse cognitionem, animadvertere liceat, fortasse vocabulum *intimare* non tam angusto sensu esse accipiendum; aut, si quis hoc largiri nolit, arrogationem plerumque, si quidem de justa arrogantis aetate, moribus, causa, reliquis dubitari non posset nec contradiceret filius, fere non fuisse nisi nudam intimationem. Omnis igitur arrogatio ex auctoritate Principis probari poterat aliquomodo ex ipso rescripto, plenissime autem ex Praetoris vel Praesidis vel alius magistratus legis actionem habentis actis.

Si autem impubes arrogatus esset, accedebat etiam aliud gravissimum indicium ex cautione, quae, ante magistratus cognitionem(2), a futuro patre personae publicae praestanda erat (3). Quae quum, teste Theophilo, esset tabularius (4), hoc indicium petebatur ex iisdem, vel ex aliis ejusdem munificis, actis, e quibus natalium petebatur professio (5).

Quodsi vel omnia instrumenta hactenus enumerata, quorum palam est maximam curam habitam esse, periissent, plures tamen plerumque superfuisse probationes, quibus sufficienter arrogatio posset demonstrari, et quisque augurabitur, et quae infra de probationibus communibus monenda erunt, confirmabunt.

---

(1) *Intimare* subinde nihil aliud est, quam *docere*, *notum facere*. vd. *Itter* ad *Brisson.* de Sign. Verb. in v. Verum eam significationem in hunc locum minime quadrare, sponte apparet. Inanis enim fuisset ea notificatio, sit venia verbo, nisi memoriae traderetur. Add. L. un. § 10. C. *de lat. lib. toll.* (7. 6), § ult. I. *h. t.*

(2) L. 18. D. *h. t.*

(3) L. laud., § 3. I. *eod.*

(4) Theoph. paraphr. § 3. laud.; ad quem locum *D. Gothofr.* hunc tabularium *tabellionem* vocari putat in L. 4. C. *h. t.* Verum hunc cum illo male confundi, jam *J. Gothofr.* ad L. 1. C. Th. *de tabul.* rel. (8. 2) et L. 3. C. Th. *de decurion.* (12. 1) docuit, et diversissima in ea Lege significari instrumenta mox videbimus.

(5) Vd. supra p. 22. et 34.

§ 2.

De Probationibus Adoptionis in specie.

E diversis ab arrogatione instrumentis publicis constabat adoptio in specie sic dicta. Haec quum requireret,
ut patria potestas ante dissolveretur, quam is, qui in
adoptionem daretur, in alienam familiam posset transire,
variis actibus procedebat variisque constare poterat instrumontis. Quamobrem eam actuum seriem quam brevissime afferemus. Pater, si filium in adoptionem daret (1),
hunc futuro patri aliive, adhibitis non minus quam quinque testibus, civibus Romanis puberibus, et libripende,
mancipabat sive imaginarie vendebat (2), vindicta autem
ab emtore manumissum (3), et idcirco in patriam potestatem reversum, iterum mancipabat, ac rursus manumissum et ad se reversum, vel tertio jure mancipabat (4)
sive tertia mancipatione in jure cedebat (5) patri adoptivo,
vel tertium huic mancipabat et, sibi remancipatum, in jure
cedebat (6); si vero filia vel alius e liberorum numero in

---

(1) Gaj. I. 132, 134, Ulp. X. 1. Labitur *Hein.* Ant. I. 11. 15:
» mancipatio ter erat repetenda, *si filii loco esse deberet* adoptivus.
» Nam si quis *in locum nepotis adoptaretur*,'' rel.

(2) Quaestio, quatenus, initio certe, *imaginariae* fuerint venditiones, non est hujus loci. De ea vidd. *Unterholzner*, von den Formen
der *manum. per vind.* und der *emancipatio*, in Zeitschr. f. gesch. R.
wiss. II., p. 157. et *Zimmern* op. l. I. 2. § 225. Add. cons. *van der
Kemp* l. l. pag. 430, qui pag. 427 et 454, existimat libripendem notarii
munere functum fuisse, qui de mancipationibus instrumentum conficeret. Id tamen in adoptionibus et emancipationibus fere supervacaneum
fuisse, sponte apparebit.

(3) De hac manumissione dicemus infra. Ceterum alioquin ii, qui
in causa mancipii erant, etiam censu aut testamento manumissi, sui
juris fiebant, Gaj. I. 138.

(4) Gaj. I. 134, ibique *Böcking*.

(5) Gell. V. 19. cf. Gaj. II. 24.

(6) » Aut patri remancipatur, et ab eo is qui adoptat, vindicat

adoptionem daretur, vel statim is futuro patri jure man-
cipabatur, vel huic mancipatus et patri naturali reman-
cipatus, illi in jure cedebatur (1). Ex his autem variis
actibus mancipatio quidem et remancipatio privatim (2),
domi (3), aliis diebus, adhibitis etiam aliis testibus (4),
fieri poterant; sed quum tamen plerumque dicis tantum
causa uno momento fierent (5), et manumissiones, jure
mancipatio sive in jure cessio et vindicatio coram magistratu fieri deberent, verisimile est vulgo omnia ibi uno
tenore fuisse peracta (6). Quantumcumque autem in jure
fieret, adoptio ibi erat consummanda, nec dubitamus post
ea, quae supra de magistratuum majorum actis monuimus (7), quin omnia illic peracta sedulo et diligenter
memoriae prodita fuerint. Quodsi cui dubitatio supersit,
Appiani locus, Sect. I. allatus, aperte docet, adoptiones,
immo declarationes de iis, coram Praetore factas, statim
ab hujus magistratus scribis ipsius actis fuisse annotatas.
Iis monumentis, quorum nec difficilis fuit aditus (8), ple-

» apud praetorem filium suum esse, et illo non contra vindicante, a
» praetore vindicanti filius addicitur." Gaj. I. 134, cf. II. 24. et
Gell. l. l.

(1) Vd. Gaj. I. § 134, Epit. I. 6. § 3.

(2) Gaj. II. 25.

(3) Num Augustus sibi in adoptandis Agrippae filiis aliquid indul-
serit, non satis liquet, vd. *Hein.* l. l. qui apud Suet. Oct. 64 ita
distinguit: » Cajum et Lucium adoptavit domi, per aes et libram,
» emtos a patre Agrippa." Novissimus editor: » C. et L. adoptavit,
» domi per assem et libram emtos a. p. A."

(4) Paul. II. 25. 2.

(5) Gaj. I. 141.

(6) Gaj. l. l. Add. Cic. p. domo c. 14, L. 10. pr. *m.* C. *h. t.*

(7) Vd. supra p. 16.

(8) Erant enim ea acta tabulae *publicae*, vd. Cic. Verr. II. lib. 2,
c. 42, § 104, 105. Haec acta Idem significat ubi paulo post dicit:
» Omnium praetorum literas, qui ante fuerunt, *profer*, explica."
cap. 43, § 106. cf. § 105. Quomodo instrumentorum descripta pe-
terentur antiquitus, vides in eadem orat., cap. 77.

nissime (1), nisi scilicet falsi accusarentur (2), adoptio probabatur.

Postquam autem arrogatio in adoptionem ex auctoritate principis conversa fuit, utraque adoptionis species eorumdem magistratuum actis iisdem probata est. Nam magistratus adoptioni in specie competens item Romae erat Praetor aut Consul, in provinciis Praeses aut qui alius plenam legis actionem haberet (3).

Subinde vero videntur homines actum solennem neglexisse et vel ipsi vel per tabellionem, qui contractuum, testamentorum, aliorum negotiorum privatorum instrumenta conscribebat (4), confecisse tabulas, quibus Cajus filium Lucio in adoptionem dedisse, hic accepisse diceretur. Idcirco Diocletianus et Maximinianus rescripserunt, ejusmodi instrumenti confectionem ad adoptionem non sufficere: »Adoptio, ajunt, non tabulis, licet per tabellionem »conficiendis, sed solenni juris ordine apud Praesidem solet »copulari" (5).

Praevias autem venditiones et manumissiones sustulit Justinianus, permittens »parenti, qui liberos in potestate »sua constitutos in adoptionem dare desideraret, sine ve- »tere observatione emancipationum et manumissionum hoc

(1) Nam quum mancipatio, in jure cessio, vindicatio, utriusque patris et filii praesentiam postularent, Gaj. I. 119, 121, 134, II. 24, L. 24, L. 25. § 1. D. h. t., dissensioni aut errori locus esse non poterat; et ex ipsa adoptionis ratione magistratus noverat, quorum praesentiam et consensum praeterea exigere deberet, L. 6. D. h. t., § 7. I. h. t.

(2) In iis monumentis Verres falsum commisit, vd. Cic. or. laud. c. 41, sqq.; Praefectus Aegypti in L. 1. § 4. D. ad L. Corn. de fals. (48. 10).

(3) Gaj. I. 98, 100, 134, L. 3, L. 4, L. 36. § 1. D., L. 11. C. h. t. De magistratibus, qui legis actionem haberent, cf. Unterholzner, l. l. p. 144, sqq.

(4) De iis eorumque discrimine a tabulariis, scribis, notariis vd. Gothofr. ad L. 3. C. Th. de decur. (12. 1).

(5) L. 4. C. h. t.

»ipsum actis intervenientibus apud competentem judicem
»manifestare, praesente eo, qui adoptaretur, et non con-
»tradicente, nec non eo, qui eum adoptaret" (1). Actum
igitur simpliciorem reddidit, in probationibus vero nihil
mutavit, nisi certe libripens antea alienationes scripto
mandare solitus fuerit.

Interdum, maxime sub Impp., cives Romani heredes suos
non in bona tantum, sed etiam in nomen et familiam
adoptarunt (2). Neque tamen haec vera erat adoptio, neque etiam solum jus vel obligationem nominis ferendi
tribuebat vel imponebat (3). Etenim, ut conditioni satis-
fieret, opus erat heredi, ut, defuncti patris adoptivi voluntatem testamento probans, vel ipse vel per alium se
lege curiata in hujus familiam transferendum curaret (4).
Per se igitur illa adoptio nullam vim habebat, sed pro-

---

(1) L. ult. *eod.*
(2) Vd. *Brisson.* de form. p. 574, *Hein.* I. 11. 18, *Dirksen*,
op. l. pag. 73, sqq. et quos praeterea laudat *Baumg. Crus.* ad
Suet. Caes. 83.
(3) Plane diversa erat haec adoptio a conditione nominis ferendi,
ut recte animadvertit cl. *Hugo* in Lehrb. der Gesch. d. Röm. Rechts,
I. p. 448. ed. 10. Illâ, si perficeretur, familiae jura acquirebantur,
haec nil nisi nominis hereditatem et tribuebat et exigebat. Huic
satisfiebat, si quis nomen mutaret, altera institutio non valebat antequam heres esset adoptatus i. e. defuncti filius factus. Tamdiu
neque in facultates hereditatis inquirendi, neque de iis statuendi
jus habebat, Dio Cass. XLV. 5, neque jura defuncti personalia,
uti in libertos, in eum transierant, Appian. B. C. III. 94. Quin
ne testatoris quidem nomen prius assumere ei per leges licuisse videtur, Dio Cass. XLVI. 47. Nominis ferendi conditio remitti poterat;
an adoptio, vehementer dubito. Attamen plerique viri docti duas
institutiones prorsus confuderunt.
(4) Dio Cass. ll. ll. Antonius se legem curiatam de Octavio arro-
gando laturum simulabat.

pria et integra accedere debebat arrogatio, quamquam manifestum est, causae cognitioni vix locum fuisse. Ejusmodi autem arrogatio non tantum iisdem, quibus vulgaris, fulta erat probationibus, sed accedebat etiam gravissimum indicium ex testamento. Quid vero si filiusfamilias testamento esset adoptatus? cuinam pater naturalis, patre futuro mortuo, filio autem ipso herede, hunc mancipabat? quis filium vindicabat? Difficillima erit haec quaestio, si vere *Heineccius* affirmaverit: »adoptio per tes-»tamentum facta non numquam repetita et more majorum »vel lege curiata, vel *per aes et libram iterum facta legi-*»*tur*''(1). Verum animadvertere liceat, neque ab ipso neque ab aliis, quos laudat, ullum istiusmodi confirmatae *adoptionis* exemplum afferri, neque me alibi reperiisse, et cogitantem me, hereditatem filiofamilias relictam patri esse acquisitam, dubitare, an uspiam exstet.

Ceterum post Justinianum adoptandi modus, atque hinc etiam adoptionis probationes mutatae sunt. Nam Leone Imp., uti patet ex ejus constitutione ad Stylianum Sacrorum officiorum Magistrum 24[ta], fieri debebat in ecclesia per sacrosanctum officium; ubi tunc actum a clericis memoriae tradendum fuisse, cum conjicere licet ex illorum ratione et reliquis coram iis celebrandis, tum prorsus requirit laud. const. finis, abrogantis quippe filiorum adoptivorum cum naturaliter genitis matrimonia. De adoptione per comam sive per capillos, postea inventa (2), dicere hic non attinet.

---

(1) *Hein.* l. l.
(2) Paulus Monach. de gestis Longob. 6, P. Pitaeus adv. l. l.

CAPUT TERTIUM.

DE PROBATIONIBUS EMANCIPATIONIS.

———

Qui natalibus aut legitimatione aut adoptione patriae potestati subjectus fuerat, ab hac liberabatur ac sui juris et ipse caput familiae fiebat tum factorum quorumdam(1), adeo plerumque manifestorum, vi, ut familiae mutatio peculiari instrumento non indigeret(2), tum eo judicio voluntario sive potius actuum legitimorum et judiciorum συστήματι, quod Emancipatio vocatur(3). Quum autem voluntaria judicia omnia eadem ratione apud Romanos celebrarentur, sequitur, multa quae de adoptionis in specie probationibus monuimus, hîc quoque usu venire, et magnam inter utriusque probationes intercedere similitudinem.

Missa professione Censoria, de qua hic eadem dicenda essent, quae Capitis super. Sect. I animadvertimus, statim accedemus ad Acta emancipationis, quae illâ longe majoris sunt momenti. Emancipatio antiquitus uno tantum modo, adoptioni in specie sic dictae simillimo, procedebat, per mancipationes scilicet et intercedentes manumissiones(4). Hoc unum intercessisse videtur discrimen, quod

———

(1) Vd. *Mackeldey*, Lehrb. des heut. R. Rechts § 561-563.

(2) De maxima enim et media capitis diminutione, quum non nisi ex sententia judicis, quae praeterea scripto mandabatur, subiretur, dubitari non poterat; idem dicendum est de reliquis condemnationibus, quibus patria potestas solvebatur; et vix facilius dubitatio oriri poterat de paucis illis sacerdotiis aut dignitatibus, quibus vel antiquitus vel jure recentiore potestas illa dissolvebatur, et de quibus an publice constiterit, quis dubitabit? De adoptionis autem probationibus jam loquuti sumus, de morte infra dicemus.

(3) Etiam hujus actus originem et rationem explicuit cons. *van der Kemp*, l. l. pag. 420 sqq.

(4) Gaj. I. 132, Ulp. X, 1, § 6. I. *quibus mod. jus p. pot. solv.* (1, 12).

in jure cessionis locum occupavit manumissio vindictâ :
scilicet is, qui e patria potestate dimitteretur, ultimum
extraneo, quem patrem fiduciarium vocarunt (1), mancipatus, vel ex hujus mancipio ab assertore in libertatem
vindicabatur, vel patri remancipabatur et ab eo manu-
mittebatur (2). Fiebat actus coram iisdem magistratibus,
atque adoptio in specie (3); quos etiam hunc actum, certe
manumissiones, in commentarios suos referendum curasse,
demonstratione non indiget.

At dicat forte quispiam, Divorum Fratrum aetate certe
nondum generalem fuisse hanc actorum confectionem, et
emancipationis probationem facile tunc fraudibus ansam
praebuisse, si quidem hoc illorum ad Titium quendam
exstat rescriptum : »Si filium tuum in potestate tua esse
»dicis, Praeses provinciae aestimabit, an te audire debeat :
»cum diu passus sis ut patrisfamilias res ejus agi per eos,
»qui testamento matris tutores nominati sunt'' (4). Nam
alioquin, si filius iste esset emancipatus, facillime et apertis-
sime acta patrem redarguere poterant, si vero haec non exstarent, verisimillimum erat filium adhuc in patria esse potestate, nec opus erat ut Praeses ante causam cognosceret,
quam patrem ad jus suum, licet aliquamdiu non exercitum,
probandum admitteret. Verum miror equidem non tantum
singularem illam cautionem in difficili probatione negativa
(filium non esse sui juris), sed prorsus quoque non assequor,
quomodo mater, etiamsi pater ille falso negaverit, se filium emancipasse (nam si jure negaverit, obscurior etiam

---

(1) De patre fiduciario et quomodo idem esse potuerit atque asser-
tor, vd. cons. *van der Kemp*, l. l. pag. 428.

(2) Vdd. Gaj. I. 132, Ulp. X. 1, Theoph. Paraphr. § 6. I. laud.
Cons. *van der Kemp*, l. l. pag. 427, sq. existimare videtur emancipationem filii nondum tertiâ, reliquorum liberorum nondum una
manumissione fuisse consummatam. Sed quum emancipatus liberti
loco esset, equidem non video, cur aliud judicium accessisset.

(3) L. 3, L. 4, L. 36. § 1. D. *de adopt. et emanc.* rel. (1. 7),
L. 1, L. 6. C. *de emanc. lib.* (8. 49).

(4) L. 1. C. *de patr. pot.* (8. 47).

causa est), ejusmodi filio emancipato tutorem testamento
dare, et hic confirmari potuerit. Si enim filius a patre
fuisset emancipatus, hic semper patroni jura retinuisset
et filii tutor fuisset (1), si autem avus patrem illum, retento in potestate ejus filio (2), vel patre retento, hujus
filium emancipasset, ipse, dum viveret, legitimus tutor (3),
eo defuncto, pater tutor fiduciarius fuisset (4); utroque
casu mater tutorem habenti alterum dedisset, quod non
licebat (5). Et tamen illa tutorem dederat, et hic a magistratu confirmatus erat. De alia igitur causa rescrip-
sisse debent Impp. Scilicet Titius, quum diu passus esset
impuberis res, ut patrisfamilias, agi per tutores a matre testamento datos, non gesserat se pro *patre emancipatore*, sed
pro omnino *non patre*, certe pro non legitimo. Mater illa,
sive quod filii patrem mortuum judicasset aut scivisset, sive
quod eum extra nuptias edidisset, tutores nominaverat, qui,
quoniam pater non exstaret, confirmari potuerant (6). Hos
postquam diu Titius toleraverat, nunc subito dixit se pupilli
patrem, et quidem patrem legitimum. Ad hanc vero semper,
maxime matre mortua, admodum incertam paternitatis et le-
gitimitatis probationem (7), ad quam fortasse Titius testes
subornaverat, summo jure Impp. eo difficilius supplicantem
admittendum voluere, quod gravissima ex diuturna pro
non patre gestione adversus eum exstiterat praesumtio.

---

(1) Gaj. I. 166, 172, Ulp. L. 1. D. *si a parent. quis* (37. 12),
L. 3. § 10. D. *de leg. tut.* (26. 4), § 6. I. *quib. mod. jus patr.
pot.* (1. 12), Tit. I. *de leg. par. tut.* (1. 18).

(2) Ut in L. 1. § 4. D. *de Carb. ed.* (37. 10), L. 8. § 1. *eod.*

(3) Vd. nota sup.

(4) Gaj. I. 175, Ulp. XI. 5, L. 4. D. *de leg. tut.*,, Tit. I. *de
fiduc. tut.* (1. 19). Patrem dixisse, se ideo tolerasse tutores, quoniam putaverat filium ab avo esse emancipatum, existimat *Peresius*
ad h. l.

(5) L. 27. D. *de test. tut.* (26. 2).

(6) L. 2. D. *de conf. tut.* (26. 3), L. 4. C. *de test. tut.* (5. 28);
add. *Mackeldey*, op. l. § 571. nª. *c.*

(7) Cf. *Westenb.* op. l. Diss. VII. § 3.

Itaque haec lex nil commune habet cum emancipatione,
ideoque non probat, jure Romano, aut patriam potestatem fuisse amissam praescriptione (1), aut longam istiusmodi patientiam fuisse justae emancipationis praesumtionem (2), nec indicat Divorum Fratrum aetate vel omnino vel interdum non confecta fuisse hujus solennitatis acta. Quodsi tamen quis dicat, in constitutione, ut
hodieque legitur, videri Impp. tamquam certum ponere,
Titium patrem fuisse, hoc tamen incertum adhuc fuisse et
omnem reliquam probationem ab hac quaestione pependisse,
atque hanc ob causam potius legendum esse, *filium tuum*
et *in potestate tua*, quemadmodum duplex illa quaestio
alibi addita particula proponitur (3), respondeo, Impp.
forte Titio in hoc fidem habuisse, quod pater esset, sed
dubitasse an legitimus esset.

Ea autem emancipationis acta significare videntur Diocletianus et Maximinianus Impp., quum mulieri cuidam
rescribunt: »In emancipatione liberorum, nec non do-
»nationibus, non tam scriptura, quam veritas considerari
»solet" (4). Fieri quidem potest, ut, quemadmodum
adoptionis (5), sic quoque emancipationis solennitatem interdum homines omiserint, ac solummodo privatim tabellas confecerint patris filiique voluntatem declarantes, tales
autem mulierem istam ad emancipationem probandam pro-
tulisse; et confirmatur fortasse haec suspicio sequenti
eorumdem Impp. rescripto, quippe ad eum misso, qui
perinde, nudo patris suoque consensu probando, se patria
potestate liberatum demonstrari posse arbitrabatur (6).
Verum illic sermo esse videtur de scriptura, qua, nisi
de ejus veritate dubitaretur, plene emancipatio probari

(1) Uti *Gothofr.* ad h. l. putat.
(2) Hoc existimant *Peresius* l. l., *Zimmern*, op. l. I. 2. p. 826.
(3) L. 1. C. *de lib. exhib.* (8. 8), ubi eadem cautio adhibetur.
(4) L. 2. C. *de emanc. lib.* (8. 49).
(5) Vide supra p. 54.
(6) Diocl. et Max. Heliodoro: »Non nudo consensu patria liberi

posset; qualis quum solum esset instrumentum, a magistratu de actu solenni confectum (1), credere malo mulierem prodidisse emancipationis acta, vel ab ipsa aliove homine privato conficta (2), vel per obreptionem a magistratu conscripta (3), vel denique quae falsi accusarentur (4). Nec adversatur huic opinioni, sed potius eam confirmat, quod eâdem scripturâ comprehensa videtur donatio, siquidem hodieque novimus donationes jam ante Constantinum M. actis fuisse insinuatas (5), eaeque saepius cum emancipatione conjungebantur.

» potestate, sed actu solenni, vel casu liberantur: nec causae, » quibus motus pater emancipaverit filium, sed actus solemnitas » quaeritur." L. 3. C. eod. Leo Imp. dein ejusmodi emancipationes permisit. vd. ejus Const. 25.

(1) Arg. L. 3. et L. 13. laud., L. 4. C. de adopt. (8. 48), L. 11. C. de fide instr. (4. 21).

(2) Non tantum Impp. rescripta subinde fingebantur, Paul. Sent. I. 12. 1, cf. Suet. Claud. 29, Vesp. 6, Capitol. v. Gord. p. 156, sed etiam acta, v. c. L. 14. C. de prob. (4. 19); add. Paul. Sent. V. 25. § 5: » Qui — acta — sciens dolo malo in fraudem alicujus deleverit, mutave- » rit, *subjecerit*, subscripserit, — falsi poena coercetur," et § 10 : » Qui falsis — actis, — rescriptis sciens d. m. usus fuerit,"rel., ibi- que *Cujac.*

(3) Puta pater subornatus filiam emancipavit. Non raro tales fraudes committebantur. Sic: » liberto per obreptionem adrogato," rel. in L. 49. D. de bon. lib. (37. 2), L. 1. pr. D. *si a parente quis* rel. (37. 12), libertas per obreptionem a Praetore pronuncia- tur in L. 26. § 8. D. de fid. lib. (40. 5). Add. L. 1. D. de nat. restit. (40. 11), L. 1. C. de collus. deteg. (7. 28), L. 7. § 1, L. 9. § 2. D. qui et a quib. (40. 9), L. 29. D. de L. Corn. de fals. (48. 10): »si quis obrepserit Praesidi provinciae, tam per acta, quam » per libelli interpellationem," rel.

(4) Tabulas publicas a fraudibus minime fuisse immunes, docent poenae adversum falsum in iis commissum sancitae, v. g. L. 2. D. ad L. Jul. maj. (48. 4), L. 1. pr. D. de L. Corn. de falsis (48. 10), L. 13. § 1, L. 16. § 2, eod., L: 8. § 1, L. 10. pr. D. ad L. Jul. pecul. (48. 13); add. nª. 2. Ipsi interdum magistratus falsum in instrumentis suis faciebant, ut Praefectus Aegypti in L. 1. § 4. D. de falsis.

(5) Vd. supra. p. 37. nª. 1.

Eadem acta memorantur in alia eorumdem Impp. constitutione, unde non, acta hujus solennitatis non fuisse conficienda, ut vult *D. Gothofredus* ad eum l., sed ipsum contrarium
apparere, facile ipsa rescripti verba docebunt. »Emanci-
»patione facta," ajunt, »etsi actorum tenor non *exsistat*,
»si tamen aliis indubiis probationibus, vel ex personis,
»vel ex instrumentorum incorrupta fide factam esse eman-
»cipationem probari possit: actorum *interitu* veritas con-
»velli non solet" (1). Confirmat hoc ad privatam mulierem rescriptum, quod modo significavimus, judicem scilicet ad emancipationem probandam noluisse admittere
alia, quam acta, instrumenta.

Commemorantur item in Constantini M. constitutione;
ex qua quum appareat, quam facilem jam tunc Impp.
emancipationem reddere studuerint, ejus verba adscri-
bam. »Sicut indignissimum videbatur, diem solis, vene-
»rationis suae celebrem, altercantibus jurgiis et noxiis
»partium contentionibus occupari, ita gratum ac jucun-
»dum est, eo die quae sunt maxime votiva compleri:
»atque ideo emancipandi et manumittendi die festo cuncti
»licentiam habeant, et super his rebus acta non prohi-
»beantur" (2). Praeterea autem haec lex, quippe non
actus celebrationem tantum, sed actorum quoque confectionem permittens, indicare videtur, Romanos judicasse,
actus alicujus monumentum oportere statim, in ipso actu,
confici, non serius suppleri.

Quum vero antiqua haec legis observantia cum in mancipationibus tum in solennibus coram magistratu celebrandis patris filiique praesentiam requireret, Anastasius Imp.
parentibus permisit, si liberos vel absentes et peregre de-

---

(1) Diocl. et Max. Theagenae in L. 11. C. *de fide instr.* (4. 21).
(2) L. 1. C. Th. *de feriis* (2. 8), cujus partem ultimam a Tribo-
niano infartam esse Legi 8. C. *eod.* (3. 12), quae Valent., Theod. et
Arcadii est, monent *J. Gothofr.* et *Wenck.*

gentes, vel in iisdem locis seu regionibus vel civitatibus commemorantes, in judicio vero non praesentes, juris sui constituere cuperent, supplicationibus porrectis mereri super hoc divinum oraculum, hocque apud competentem judicem, ad cujus jurisdictionem actus emancipationis pertineret, insinuare, superque precibus a semet oblatis apud eum deponere: ut hoc subsecuto, et auctoritate praecedente Principali, plenissimum robur emancipatio sortiretur: et personae, in quas talis liberalitas collata esset, de aliena potestate quasi a parentibus ex emancipatione manumissae liberarentur: si tamen ipsae nihilominus sub gestorum testificatione, vel apud eundem judicem, vel apud alium quemlibet proposito parentum suam etiam voluntatem consonare, vel ante preces oblatas, et sacros apices promulgatos, vel postea deposuissent: nisi infantes essent(1), qui et sine consensu etiam hoc modo sui juris effici possent. Eundem Imperatorem jam priore constitutione parentibus liberisque *praesentibus* emancipationem per Imperiale rescriptum, simili modo perficiendam, permisisse, perquam verisimile est(2). Itaque ex his constitutionibus, vel una vel duo conficienda erant acta, argumento paululum, non ratione, a superioribus diversa. Istiusmodi autem emancipationis praeterea gravissimum indicium erat Principis rescriptum.

Sed quum multi, fortasse propter ambages rescripti impetrandi, antiquum modum observarent, Justinianus, ut in adoptione, ita in emancipationibus venditiones in liberas personas figuratas, et circumductiones inextricabiles et in-

---

(1) Postea certe etiam filii adoptivi, licet infantiam egressi, non opus fuisse consensu, conficit *Mackeldey* op. l. § 565 ex Legis 10, quae Justiniani est, princ. C. *de adopt.* (8. 48). Mihi id hinc non satis liquet.

(2) L. 5. C. *h. t.* Priorem constitutionem ex L. 20. C. *de collat.* (6. 20), L. 11. C. *de legit. her.* (6. 58), Lege 5. laud. prioribus, conficit *G. Scheltinga*, de Emancip., cap. 4. § 3, in *Fellenbergii* Jurispr. Ant. Tom. II. p. 501, sq.

juriosa rhapismata, ut loquitur (1), explosit, et permisit
emancipare cupientibus, vel ex lege Anastasiana hoc facere,
vel sine sacro rescripto intrare competentis judicis tribunal,
vel eos adire magistratus, quibus hoc facere legibus permissum esset, et liberos a sua manu dimittere (2). Non loquitur quidem Imp. de actis conficiendis; sed hoc procul
dubio in sua etiam emancipatione faciendum voluit. Nam
ex toto constitutionis tenore elucet, duorum emancipandi
modorum, quae dehinc vigerent, discrimen non in actorum, sed unice in rescripti omissione fuisse positum. Accedit Justiniani studium omnes actus gestis corroborandi.
In judicio non praesentes, aeque ac praesentes, potuisse
hac lege uti, nec rescripto iis opus fuisse, demonstratio-
nem non desiderat.

In ipso actu adoptandi aut emancipandi, postquam filius
mancipationibus a patria liberatus esset potestate, testes
non fuisse requisitos observare licuit. Sed contrarium
possit cuipiam videri ostendere haec Ulpiani Opinio: „Post
„mortem filiae suae, ut materfamilias, quasi jure eman-
„cipata, vixerat, et testamento scriptis heredibus deces-
„sit, adversus factum suum, quasi non jure eam, nec
„*praesentibus testibus* emancipasset, pater movere contro-
„versiam prohibetur" (3). Verum quum, si acta conficerentur, non videam equidem, quare testes iis, quae
coram magistratu celebrarentur, interesse debuissent (4),
nec alia hujus usus vestigia exstare videantur, credere equidem malo, patrem illum emancipationem
suam ideo impugnasse, quod testes primae actûs parti,
quae filii a patria potestate liberatione constabat, mancipationibus scilicet, non fuissent adhibiti, atque JCtum
judicasse, hoc defectu alteram actus partem, qua filius

---

(1) Cf. Paulus in L. 3. § 1. D. *de cap. dim.* (4. 5).
(2) L. 6. C. *h. t.*, § 6. I. *tit. laud.*
(3) L. 25. pr. D. *de adopt. et emanc.* (1. 7).
(4) Vide supra p. 32.

sui juris constituebatur, non vitiari, namque et patrem
ipsum non posse factum suum impugnare (1), et magistratus acta, quod ad solennium observantiam, plene adversus eum probare, qui actum provocasset ac celebrasset.
Quae si recte disputaverimus, iis confirmari videtur, quod
supra diximus, mancipationes in adoptionibus et emancipationibus potuisse extra jus fieri, quum non verisimile
sit, magistratum, si in jure fierent, ut testes abessent
siturum fuisse.

Licet magna universe haberetur actorum cura, non
tamen desunt cum aliorum tum emancipationis actorum
deperditorum exempla. Tunc aliis indubiis probationibus,
vel ex personis vel ex instrumentorum incorrupta fide
emancipationem probari posse, jam supra vidimus (2).
Quae minus plenae probationes quum non fuerint huic
actui propriae, infra de iis videbimus. Hic solummodo
animadvertimus, si pater, quod raro licebat, a judice
coactus fuisset filium emancipare, hujus cognitionis acta
forensia verisimillimum fecisse, actum revera fuisse subsequutum, ne dicam ea tantumdem valuisse atque acta
emancipationis (3).

Sed non tantum ipse emancipandi actus, verum emancipationis ambitus quoque probandus esse poterat. Nam liberum
arbitrium erat ei, qui filium et ex eo nepotem in potestate haberet, filium quidem potestate dimittere, nepotem
vero in ea retinere; vel ex diverso, filium quidem in
potestate retinere, nepotem vero manumittere; vel omnes

---

(1) Fortasse propter longam patris patientiam ita JCtus statuit.
Certe aliud subinde observatum, neque a Principe improbatum fuisse,
colliges ex Gordiani rescripto in L. 2. C. *si adv. rem. judic.* (2. 27).
Filium emancipationem, tamquam non jure factam, potuisse impugnare, docet L. 1 C. *h. t.*, cf. L. 5. § 1. D. *de prob. et praes.* (22. 3).

(2) Ex L. 11. C. *de fide instr.* (4. 21). Vd. pag. 62.

(3) Vd. L. 31-33. D. *h. t.*, § 10. I. *quib. mod. jus p. p. solv.*
(1. 12). Add. L. 5. D. *si a parente quis* rel. (37. 12), L. 92. D.
de cond. et dem. (35. 1).

sui juris efficere (1); et, nisi expresse aliter conveniret,
is, qui ex emancipato jam conceptus esset emancipationis
tempore, in emancipantis potestate nascebatur (2). Ut
autem hujusmodi quaestiones, utrum quis in patris potestate esset nec ne, minus frequenter orirentur et facilius
possent expediri, operae pretium erat, ut cum accurate actis emancipationis tempus adderetur, quo com-
putari posset, essetne quis ante vel post emancipationem
conceptus (3), tum iisdem comprehenderetur, utrum nepos ab avo in potestate retineretur, an cum patre ex ea
dimitteretur. Illud quin factum sit, nullus dubito, quum
actorum haec esset ratio, ut comprehenderent, quid singulis diebus coram magistratu actum esset; nec obstare,
quod nihilominus exempla adsunt, ubi quis se ante emancipationem conceptum contendat (4), quisque intelliget.
Alterum etiam plerumque factum fuisse, affirmare non
dubito; quominus tamen id numquam omissum fuisse
contendam, prohibet, quod Ulpianus ad edictum Carbo-
nianum hanc tractandam judicavit quaestionem: »Si quis
»non ab aliquo hanc controversiam patiatur, quod inter
»liberos non sit, sed ab ipso patre: ut puta nepos, qui
»se retentum in potestate avi dicit, ab emancipato patre,
»qui jungi desiderat: an (judicium in tempus pubertatis)
»differri debeat?" Si enim hac de re sufficienter constaret, et vix oriri posset haec controversia, nec JCtus

---

(1) L. 28. D. *de adopt. et emanc.* (1. 7), § 7. I. *quib. mod. jus
p. p. solv.* (1. 12), Theoph. *eod.*

(2) L. 1. § 6. D. *de conjung. cum emanc. lib.* (38. 8), L. 1. § 11-13.
D. *de ventre in poss. m.* (37. 9), L. 8. § 1. D. *de Carb. ed.* (37. 10).

(3) De conceptionis tempore computando, vdd. Iptt. ad L. 3. § 11.
12. D. *de suis et legit.* (38. 16) et Nov. 39. c. 2.

(4) Africanus lib. 4 Quaestionum: »Emancipatus decessit intestato,
»superstite filio impubere, qui se ei suum esse dicit; ego contendo
»ante emancipationem conceptum, atque ideo in mea potestate esse,
»et bona emancipati ad me pertinere:" rel. L. 8. § 1. D. *de Carb.
ed.* Add. L. 1. § 11. D. *de ventre in poss. m.*

judicium differendum judicasset (1); quamvis non omnino negem, Ulpianum respicere potuisse quaestionem ex incerto tempore conceptionis ortam, et eandem dubitationem alibi quoque ansam praebuisse quaestionibus, utrum quis in patris potestate esset nec ne, sive utrum ab avo retentus, an cum patre emancipatus esset (2).

Eaedem autem quaestiones circa adoptionem in specie oriri poterant (3), et iisdem procul dubio probationibus decidebantur.

———◆———

CAPUT QUARTUM.

DE PROBATIONIBUS MATRIMONII.

———◆———

I. *De legitimi matrimonii probationibus.*

Ut in status mutationibus, quarum probationes in superioribus exponere conati sumus, ita in matrimoniis quoque saepe non sufficiebat, ut probaretur vere contractum esse matrimonium, sed tempus etiam, quo initum esset, demonstrari debebat, quod inprimis usu veniebat in quaestionibus de dote et de prolis legitimitate. Nec sola cohabitatio aut voluntas matrimonii ineundi hoc contractum esse probabat, sed ut matrimonium legitime initum esse doceretur, opus erat, ut, praeter vitae conjunctionem,

---

(1) L. 1. § 4. *eod.* Cf. L. 3. § 4. *eod.*

(2) L. 8. D. *de prob. et praes.* (22. 3), L. 34. D. *soluto matr.* (24. 3), L. 1. § 4, L. 3. § 4. ("Item si is — oportebit,") L. 4. D. *de lib. exhib.*, al.

(3) Arg. Gaj. I. 107, L. 2. § 2. D. *de adopt. et emanc.* (1. 7), § 11. I. *de adopt.* (1. 11).

probaretur mulier uxoris loco fuisse habita (1). Interdum
ad justum matrimonium etiam solennia quaedam requisita
fuerunt, de quibus suo loco videbimus.

Sectio I.

DE MATRIMONII PROFESSIONIBUS.

Quamvis Servius Tullius voluerit, ut de cujusque civis
praecipuis vitae momentis publice constaret, ejus tamen
instituti ratio politica non exigebat, ut de matrimonio,
quippe de facto privato, civitas statim certior fieret.
Misso igitur ejus priore instituto, ab altero initium ca-
pere licet.

§ 1.

Matrimonia antiquitus quodammodo constare poterant
e tabulis Censoriis, quippe in quas, ut vidimus, quisque
paterfamilias nomen uxoris referre debebat (2). Poterat
etiam ex variarum tabularum inter se comparatione tempus initi matrimonii aliquatenus confici. Verum quum
Censor tantum reciperet, quae civis profiteretur, neque
hae de statu professiones aliquomodo probatae aut jurejurando confirmari solitae videantur (3), facile apparet, quanta esset hujus matrimonii professionis ad probandum vis.
Scio equidem, plures scriptores commemorare jusjurandum, quod de matrimonio praestari deberet, et *Savignium*
existimare id in ipso Censu fuisse exactum (4); nec diffi-

(1) L. 9. C. *de nupt.* (5. 3), Nov. 22. c. 18, Nov. 74. c. 4. pr.
(2) Vd. supra p. 9.
(3) Vd. supra p. 11.
(4) *Savigny*, üb. die erste Ehescheid. in Rom, in Zeitsch. Tom. V.
p. 277, sq.

teor, gravi Virum Cel. uti testimonio, Tabula scilicet
Heracleensi, eum, qui in municipiis, coloniis, praefec-
turis maximum magistratum maximamve potestatem habeat, haec jubente: »omnium municipum, colonorum
»suorum, quique ejus praefecturae erunt, —, censum
»agito, eorumque nomina, praenomina, et quot annos
»quisque eorum habet, et rationem pecuniae, ex formula
»census, quae Romae — proposita erit, ab iis *juratis*
»accipito" (1). Verum nemo veterum, ubi de censu agat,
aliud licet de bonis referens, hujus de matrimonio jurisjurandi mentionem facit; quin nonnulli hoc ita memorant,
ut fortasse non immerito ex eorum verbis conficias, id
non ita constanter fuisse exactum, ac fieri debuisset, si
hoc jusjurandum, ut alterum illud, ad census formulam
pertinuisset. Accedit, quod Cicero et Gellius, ea produnt
verba solennia, quae unice ad matrimonium, non, universe ad omnem de suo suorumque statu professionem pertinent (2), quemadmodum jam supra de alterius jurisjurandi formula animadvertimus, eam specialiter ad bonorum
professionem pertinere (3). Itaque si *Savignio* adstipulari velis, ac credere omnes professiones jurejurando fuisse
affirmandas, quae Tabulae Heracleensis sententia esse videtur, non duo tantum, de matrimonio scilicet et de bonis,
sed unum de singulis professionibus jusjurandum conceptum et in censendo exactum fuisse (4), statuere cogeris.
Quod quum mihi non admodum probabile videatur, quippe

<hr/>

(1) Tab. Heracl. vs. 142, sqq., sive partis alterius, quae vulgo Acris
Neapolitani nomine venit, vs. 68, sqq.; pag. 66, sqq. ed. *Maresoll;*
Cl. *Dirksen*, Obss. ad Aes Neap., pag. 176, sqq.

(2) » *Ex tui animi sententia tu uxorem habes* ?" Cic. de Or. II. 64,
Gell. IV. 20.

(3) Vd. supra l. l.

(4) Ita v. g.: Ex tui animi sententia unde domo es? — Ex tui animi
sententia quodnam tuum nomen est? — Ex tui animi sententia quis pater
tuus est? — Ex tui animi sententia quot annos agis? — et sic porro.

judicanti, Romanos tunc plura illa jurajuranda in unum fuisse contracturos (1), credere malo nec matrimonii, neque reliquas status professiones jurejurando fuisse confirmandas, sed, ut Dionysius tradit, de solo bonorum censu id obtinuisse, atque in Tabulâ laudatâ voc. JURATEIS ad solam *rationem pecuniae* pertinere, vel pro eo legendum esse JURATUS, quum mendis illa haudquaquam careat (2) et Censorem antequam Censum ageret jurasse constet, se neque odio neque gratia quidquam gesturum, sed ex animi sui sententia, quae reipublicae utilia essent, deliberaturum et gesturum (3).

Quodsi recte judicemus memoratum de matrimonio jusjurandum non in ipso Censu, sed alio tempore fuisse exactum, quaerere omnino licet, quandonam exactum fuerit, numque publice de eo constiterit, et quaenam istiusmodi tabularum fuerit utilitas. Lubens fateor, me dubitare ad has quaestiones respondere, ac facilius esse a *Savignio* dissentire, quam meliorem et probabiliorem prodere sententiam. Liceat tamen meam qualemcumque proponere conjecturam.

Quum Censoribus morum cura esset mandata atque huc inprimis pertineret, ut cives ad matrimonia adigerentur

---

(1) Ita fecerunt circa professiones bonorum. Vd. supra l. l. n°. 2. Ne idem de professionibus ad statum pertinentibus quodammodo factum credas, ita v. g.; » Ex tui animi sententia quodnam tuum nomen est? — Quodnam praenomen? — Quodnam cognomen? — .... Tu uxorem habes''? prorsus vetant Ciceronis et Gellii narrationes ll. ll.

(2) Vd. v. g. *Maresolli* prol. p. 7, adnn. crit. ad vss. 2, 3, 5, 6, 7, 11, 13, 15, 17, et sic porro. Etiam ipsi, quem attulimus, loco plura menda insunt; proxime praecedens verbum legitur ARIEIS pro AB· IEIS.

(3) Vd. *Dirksen*, l. l. pag. 195. Fortasse conjecturam nostram confirmant haec Livii verba, XXIX. 15: » Censumque in iis coloniis » agi ex formula ab Romanis Censoribus data. Dari autem placere » eandem, quam Populo Romano: deferrique Romam ab *juratis Censoribus* coloniarum,'' rel.

et coelibes plecterentur (1), illis mos fuisse videtur uno aliquo tempore, sive a viris omnibus, seu ab iis quos vocassent, jusjurandum, an legitimam uxorem haberent, exigendi (2), quando simul fortasse in matrimonia inquirebant, et incitabant vel plectebant coelibes. Et vix dubium est, quin haec omnia perscriberent in muneris sui Commentariis, a tabulis Censoriis diversis, quos Dion. Hal., ubi ὑπομνήματα τιμητικὰ (3), et Gellius, ubi *literas censorias* (4) memorat, significare videtur. Ita major harum professionum, quam Censuum, poterat esse fides. Sed quominus ea Acta Censoria publice deposita fuisse et cuivis patuisse affirmare ausim, prohibet Dionysii testimonium, sibi quoddam apparere e monumentis, quae Censoria vocantur, ἃ διαδέχεται παῖς παρὰ πατρός, καὶ περὶ πολλοῦ ποιεῖται τοῖς μεθ᾽ ἑαυτὸν

---

(1) Liv. Ep. LIX; Suet. Oct. 89, Claud. 16; Gell. I. 6, Dio Cass. LVI. 6. Val. Max. II. 9. 1, 2, Plut. Cat. maj. 16, Camill. in., Festus v. *uxorium*, ali.

(2) Cic. de Or. II. 64, Gell. IV. 20. Cff. loca ad Spurii Carvilii divortium pertinentia, Dion. Hal. II. 25, Val. Max. II. 1. 4, Gell. IV. 3, XVII. 21. et quae plura laudat *Klense*, die Freih. der Ehescheid. nach älterm R. R., in Zeitschr. VII. 1. p. 24. nᵃ. 2. Quamvis Sp. Carvilius jurare *coactus* dicatur, noli tamen inde conficere, novi quid ab eo postulatum esse. Morem fuisse, ut hoc jusjurandum exigeretur, idque uno aliquo tempore generaliter exactum fuisse, indicare videntur imprimis Gellii verba: » Inter Censorias severitates » tria haec exempla in literis sunt castigatissimae disciplinae. Unum » est hujusmodi. *Censor adigebat de uxoribus solenne jusjurandum.* » Verba ita erant concepta: rel. Qui jurabat, cavillator quidam et » canicula et nimis ridicularius fuit. Is locum esse sibi joci dicundi » ratus, quum ita, *uti mos erat*, Censor dixisset:" rel., IV. 20.

(3) Dion. Hal. I. 74.

(4) Gell. IV. 20. Ita » *literae* omnium praetorum" apud Cic. Verr. II. 2. c. 43, et a Sthenio dicuntur *literae publicae* corruptae, ibid. c. 37. et rursus, » Sacerdote *praetore*, Sthenium *literas publicas* » corrupisse," § 93. De *actis Censoriae potestatis*, quae nosci et recordari oporteat, loquitur Val. Max. II. 9. 1; verum voc. *acta* ibi significare puto *res gestas*, non, *rerum gestarum commentarios*, quemadmodum mox, § 4, intelligenda sunt *nostrae urbis acta*.

ἐσομένοις, ὥσπερ ἱερὰ πατρῷα, παραδιδόναι· πολλοὶ δ᾽
εἰσὶν ἀπὸ τῶν τιμητικῶν οἴκων ἄνδρες ἐπιφανεῖς οἱ δια-
φυλάττοντες αὐτά. Ex his enim verbis sequi videtur, ea
Commentaria Censorum propria et in privatorum custodia
mansisse (1); nisi dicas, aliud exemplum sive descriptum publice deponi consuevisse, historicum autem l. l.
non hoc, sed privatum exemplar ideo adiisse, quod loquitur de tempore incendio Gallico superiore, quo novimus pleraque instrumenta publica consumta esse (2).

Quaecumque vero utrarumque tabularum Censoriarum
fuerit utilitas, Claudii certe aetate, ipsis adeo Censoribus,
publice parum de civium matrimoniis certum fuisse videtur, siquidem Suetonius haec de illius Censura narrat:
»Plures notare conatus, magna inquisitorum (3) negli-
»gentia, sed suo majore dedecore, innoxios fere reperit,
»quibuscumque coelibatum, aut orbitatem, aut egestatem
»objiceret, maritos, patres, opulentos se probantibus'' (4).
Verum tamen, quum frequens error incredibilis fere videatur, tabulis Censoriis de omnibus iis recens confectis,
credere malo variam istam inquisitionem, notationem,

---

(1) Id Cicero etiam dicit de tabulis publicis, quibus res in Senatu
gestae comprehendebantur: »Quum scirem, ita indicium in tabulas
»publicas relatum, ut illae tabulae privata tamen custodia, more
»majorum, continerentur.'' pro Sulla c. 15. Cf. de tabulis Praeto-
riis pro Arch. c. 5. Animadvertendum videtur, universa Gellio l. l.
patuisse videri acta censoria, nec dicere eum, sibi haec varias fami-
lias censorias commodasse.

(2) Vdd. quos laudat *Baehr*, op. l. § 173 nᵒ. 1.

(3) Quod opus erat inquisitoribus, ut sciretur, an quis coelebs
esset, jam indicat de matrimoniis publice parum certum fuisse.
Libera autem republica Censores ipsos in haec inquisivisse, opinor;
quamquam etiam illius aetatis aliqui inquisitores memorantur. Vd.
Casaub. ad Suet. Caes. I.

(4) Suet. Claud. 16. Non probasse videntur, quos liberos, quas
uxores, quot bona haberent, sed aliquot liberis se gaudere, non
esse esse se coelibes, rem familiarem se non negligere aut dilapidare.
Alioquin Census supervacuus fuisset.

probationem Censui, quem Claudius instituit (1), praei-
visse: superioris Census tabulae parum eum juvare poterant. Num etiam libera republica ea morum exploratio
generalis Censui praecesserit, affirmare non ausim (2).
Sed si fecerit, ita ut Censores, quamquam in observan-
dis moribus non uni tempori essent adstricti, hunc tamen
fere sequi solerent ordinem, ut primum cives oratione
adhortarentur ad majorum mores imitandos (3), tum in
civium mores, matrimonia imprimis, inquirerent, noxios
reprehenderent, notarent, plecterent, denique Censum
agerent, fortasse melius intelligetur, quidni professiones de statu, maxime de matrimonio, jurejurando fuerint affirmandae, verum simul etiam inde sequetur, ali-
quanto majus, quam in superioribus posuimus, professionibus momentum tribui potuisse, iis certe quae ad
matrimonia pertinerent, si jusjurandum illud de uxoribus
ante fuerit exactum.

Quatenus e posterioris Census tabulis matrimonia probari potuerint, facile intelligitur ex iis, quae supra de his
in medium protulimus (4). Ex omnibus autem iis instrumentis plene probari potuit animus, qui dicitur, maritalis.
Sed quominus diutius nos morentur, facit, quod equidem certe ignoro, an umquam huic probationi adhibita sint.

_____

(1) Tac. Ann. XI. 25.
(2) Nisi praecesserit morum censura, nomina eorum, qui Tribu
moti, aut aerarii facti, aut in Caeritum tabulas relati essent, alieno
loco in tabulis exstare debuerunt, quamquam non omnino nego,
potuisse fortasse ex adscripta nota locum ipsis tributum cognosci.
Sed incommodum istud quantumcunque non adfuerit, rarius certe,
si notationem Census sequutus sit. Praeterea notum est, Senatorum
mores ante exploratos esse, quam Senatus legeretur, id est, ejus
catalogus recitaretur, ac perinde Censores in Equitum vitam et mores
inquisivisse, priusquam novus eorum catalogus conficeretur.
(3) Liv. Epit. Lib. LIX, Suet. Oct. 89, Gell. I. 6, V. 19, Val.
Max. II. 6. 1.
(4) Vd. supra p. 12, sqq.

§ 2.

De relatione in Acta.

Licet Claudii Imp. aetate de civium matrimoniis publice nondum satis generaliter constiterit, (1), fortasse tamen ea, postquam leges Julia et Papia Poppaea
graviora in coelibes incommoda quam antea sanxerant,
ut nata proles, et eodem consilio, sensim in Acta diurna
referri consueverunt. Hoc indicare videtur Suetonii locus de
Caligulae matrimonio, quem supra attulimus (2). Nam parum
dubium esse, quin auctor loquatur de publica et solenni natae prolis et matrimonii professione, ibi satis certo demon-
strasse confidimus; atque ita Suetonius duplicem illam
professionem commemorat, ut merito suspicari videaris,
utramque eodem modo et loco factam fuisse. Eam matrimoniorum in Acta relationem forsitan etiam respicit Juvenalis, et ita quidem ut ipsius aetate morem illum jam
communem fuisse judicaveris, ubi de nuptiis quibusdam
turpissimis dicit:

> » — fient,
Fient ista palam, cupient et in acta referri" (3);

quamquam nec plane rejiciendam puto aliorum opinionem,
etiam hoc loco natorum in Acta insertionem significari
existimantium, ut sensus esset: liberos ex hoc matrimonio habere cupient, ut his in Acta referendis illud, in-
directe, publicetur (4). Itaque nescio an gravius pro

---

(1) Vd. Suetonii locus pag. 72. all.
(2) Vd. supra p. 20.
(3) Juven. Sat. II. vs. 135, 136.
(4) Non dubitari quidem poterat de nubentis sterilitate, sed diversae tamen opinioni favere videntur cum proxime praecedentia verba:
»*Liceat modo vivere*" (ergo post aliquod tempus demum palam fient?),
tum haec, quae continuo sequuntur:
> » Interea tormentum ingens nubentibus haeret,
» Quod nequeunt parere et partu retinere maritos."

sententia nostra peti possit argumentum e divortiorum, de quibus Cap. seq. videbimus, analogia. Sed quum ignoremus certe, quam generalis illa consuetudo evaserit, ac desideremus ejus quoque ad matrimonia probanda usus exempla, non est quod iis, quae supra de horum Actorum auctoritate disputata sunt, quidquam addamus.

§ 3.

De reliquis matrimonii professionibus usque ad Justinianum.

Praeter relationem in Acta et Censum nulla per longam annorum seriem equidem deprehendi certa professionum matrimonii vestigia. Non est quidem, ut dubitemus, quin matrimoniorum faciendae et in tabulas publicas redigendae (1) fuerint professiones, postquam Caligula illa quoque vectigali, sive semel in conjugii initio, ut vult *Burmannus* (2), sive quotannis, uti *Ernestius* mavult (3), primum per publicanos, deinde per centuriones praetorianos exacto, obnoxia fecit (4). Sed quum haec lex per ignorantiam ali-

---

Lipsius in Exc. ad Tac. Ann. V. 4. locum accipit de professione matrimonii; in quam sententiam etiam *Ruperti* ad l. l. magis inclinare videtur.

(1) Omnes enim reditus, vel turpes, additis nominibus in tabulas referebantur. Exemplum illustre exstat apud Suet. Cal. 41, quamquam fortasse ibi privati Caesaris scribae conferentium nomina annotant.

(2) *Burmann.* ad Suet. Cal. 40, profitens jam alium ante idem sensisse, cui adstipulatur *Cramer* üb. eine Stelle im Suetonius [Cal. c. 41. in.], in Zeitschr. f. gesch. Rw. Tom. II. p. 257, sqq.

(3) *Ernest.* ad Suet. l. l., cui recte, ut mihi videtur, calculum adjicit recentissimus editor. *Cramer* l. l. § 5. aliorum, (*Boxhornii, Polgiesseri, Beroaldi*: vd. *Burm.* l. l.) nominatim *Torrentii* et *Casauboni* miras interpretationes salse explodit, *Ernestianam* vero silentio praetermittit.

(4) Suet. l. l.

quamdiu neglecta (1) et a Claudio jam abrogata videatur (2),
praeterea harum professionum eadem, atque censualium,
ratio et in jure utilitas fuerit, non peculiaria de hoc instituto monenda habemus.

Verum silentio hîc non praetermittenda videtur Anastasii Imp., anni p. C. N. 506, constitutio, quae, inter alia,
jussit: »quoties de nuptiis quis sine dotalibus instrumentis
» mutuo contrahendi matrimonium animo celebratis, super
» affectu suo, liberis ex hujusmodi conjugio jam exstantibus,
» vel necdum procreatis legitimis allegationibus uti maluerit,
» eas apud fisci tunc temporis patronos, vel alterutrum eo-
» rum, si alter adesse non possit, gestis intervenientibus com-
» mendari, ita videlicet, ut juri cognitae allegationes absenti-
» bus personis, si quae competerent, serventur intactae'' (3).
Ex hac igitur lege, quae ostendit tum nondum generaliter
introductas fuisse matrimonii professiones, mariti declaratio apud unum duosve Fisci Patronos sive Advocatos (4),
sub actorum testificatione (5), se cum muliere, sibi copulata,
justum contraxisse matrimonium, sive animum conjugibus
mutuum fuisse tale contrahendi matrimonium, liberis aut
jam natis aut postea nascendis sufficiebat plenissime ad
probandum, se non ex concubinatu sed ex legitima copu-
latione ortos esse; nec dubito equidem, quin idem instrumentum sufficeret etiam aliis ad probandum, mulierem non concubinam, sed justam uxorem fuisse. At vel
sic tamen non ita plene probabatur eo instrumento matrimonium jure esse initum, ut non ii, quorum v. g. con-

---

(1) Suet. Cal. 41, Dio Cass. LIX. 28.

(2) Arg. Suet. Claud. 11, Dio LX. 4. Neque tamen omnia vec-
tigalia, Caligulae imperio introducta, sunt abrogata, v. g. meretri-
cium: vd. *Burmann.* de vectig. P. R., diss. XII.

(3) L. 4. § 4. C. *de adv. div. judicum* (2. 8); cf. § 3. ibid.

(4) De iis vd. *Brisson.* Sel. Ant. III. 21, et qui in notis ad eundem laudantur a *Trekello.*

(5) *Acta fisci* commemorantur etiam a Paulo in L. 45. § 6-8. D.
de j. fisci (49. 14).

sensus requireretur, si absentes fuissent, conjugium tamquam non jure contractum possent impugnare. Si vero declarationi interfuissent eique subscripsissent, hae allegationes ipsis non amplius superfuisse videntur.

Sed animadvertamus necesse est, non ad omnes imperii incolas, sed ad paucissimos tantum, ad Advocationem scilicet, e qua Fisci Advocati creabantur (1), Constitutionem pertinere (2), nec necessitatem ea imponi, sed beneficium tantum concedi.

§ 4.

De professione nuptiali a Justiniano introducta.

Primus, quantum scio, Justinianus publica instrumenta, in ipso propemodum matrimonii contrahendi actu conficienda, introduxit. Hic enim, duodecimo imperii anno (538. p. C. N.), exceptis suis Senatoribus magnificentissimisque Illustribus (3), quos instrumenta dotalia conficere jussit, et abjectae conditionis hominibus, quibus ut sine scriptura matrimonium contraherent permisit, de reliquis omnibus haec statuit: »Quicumque in gravioribus militiis »et negotiis, et plane in professionibus dignioribus con- »stitutus est, si uxori legitime jungi, neque nuptialia »instrumenta facere velit, non frustra et sine cautela, »et dissolute, ac sine probatione hoc agat, sed oratorium »quoddam adeat: et cum defensore illius ecclesiae rem »communicet, qui, acceptis tribus aut quatuor religio- »sissimis clericis illius loci, instrumentum conficiat, quo »declaret: *illa indictione, illo mense, illa die mensis,*

---

(1) Vd. *Brisson.* l. l.

(2) Vd. laud. Const. princ. et § ult. Videtur adeo privilegium Advocationi solius praefecturae Orientis concessum.

(3) Quinam hac summa dignitate gavisi sint, vide apud *Brisson.* in v.

»*illo Imperii anno, illo Consule, illum et illam ad se in*
»*hoc oratorium venisse, sibique mutuo junctos esse.* Et
» si ejusmodi instrumentum sive ambo contrahentes, sive
» alteruter eorum accipere (ἐκλαβεῖν) velint, hoc agant,
» illique tam sanctissimae ecclesiae defensor quam reliqui
» tres, vel quot voluerint, non pauciores tamen quam
» tres illi, literis hoc significantibus subscribant. Si vero
» illi hoc non fecerint, reverendissimae tamen illius eccle-
» siae defensor archivis (hoc est in sacro loco, ubi vasa ser-
» vantur) ejusmodi chartam dictas subscriptiones habentem
» deponat, ut homines inde securitatem consequantur, nec
» aliter affectu illi ipsi convenisse videantur, quam si ali-
» quid tale factum sit, et res omnino ex literis testimo-
» nium accipiat: his vero ita factis matrimonium et ex eo
» soboles legitima sint" (1).

Non fusam explicationem haec constitutio desiderare videtur; sed sunt tamen quaedam observanda.

Et jam statim miratio subit, quod haec matrimonii
acta a clericis fuere conficienda. Sunt, qui existiment,
matrimonium tunc jam fuisse contractum ecclesiasticum
ideoque in templo fuisse celebrandum et requisivisse ecclesiae conspectum, fidem, solennitatem (2). Iis quidem
adstipulari dubito, quum nil videam equidem de solennibus ecclesiasticis, nec, si ea fuerit legis ratio, intelli-
gam, qui haec solennitas potuerit documentis nuptialibus
privatis suppleri, quin haec illi praelata sint, praeterea
vero in Occidente Sec. viii, in Oriente Sec. ix demum

---

(1) Nov. 74. C. 4. § 1, 2. Vitiosa in edd. est subscriptio, quasi
constitutio data esset Nonis Junii anni Imp. Just. XV. Errorem
cognoscis ex nomine Consulis et Nov. 117, quae Cap. 4. hanc constitutionem respicit et data est Cal. Jan. anni XV. 441. Cf. *Spangenb.*
ad Epill. Novv. laudd. et *Biener*, Gesch. der Novellen Justinian's
p. 518. Est igitur haec constitutio illâ non antiquior, sed recentior;
quod h. l. maximi momenti esse, mox animadvertemus.

(2) Vd. *D. Gothofr.* ad h. l.; etiam *Spangenb.* ad Leonis Nov.
89. hanc opinionem fovere videtur.

leges civiles celebrationem in ecclesia exegisse videantur (1),
denique Justinianus ipse dicat se hanc legem ferre, »quod
»fidem in solis testibus suspectam habeat'' (2). At vel sic
tamen, licet serius constitutum fuerit, benedictionem in
ecclesia facere nuptias, non crediderim tamen clericum
adiri debuisse, nec potius Magistratum, cujus actis tot
aliae ejusdem generis declarationes insinuarentur, ne
homines sportulis solvendis a legis observantia deterre-
rentur (3), quum nec certum sit illa instrumenta gratis
fuisse conficienda, et essent quaedam insinuationes in
magistratuum actis gratuitae (4), neque fortasse clerici
semper gratis instrumenta conficerent (5). Neque magis
causam quaerendam puto in collapsa juris observantia et
majore clericorum fide, propter quae alia quaedam munera secularia clero tributa videntur (6), quandoquidem
Justinianus non valde optasse videtur, ut actis certe conficiendis clerici, iidem adeo, qui hac constitutione adiri jubentur, vacarent (7). Neque etiam exceptionem a

---

(1) Vdd. Leonis Novv. 74, 89, Schol. ad Harmenopuli Promt.,
IV. 4. § 20. Cff. *Gothofr.* ad L. 3. C. *de nupt.* (3. 7), *Boehmer*,
Jus Eccles. Prot., Lib. IV. Tit. 3. § 8-15, Tom. III. p. 1265, sqq.,
Walter, Lehrb. d. Kirchenr. § 233, *Glück*, ausf. Erläut. der Pand.,
Tom. XXIV. p. 344, sqq., *Augusti*, Denkwürdigk. aus d. Christl.
Archäol. Tom. IX. p. 295, sqq.

(2) Vd. § 2; cf. princ. Cap. laud.

(3) Sportulae, sine dubio, tabellioni, qui instrumenta dotalia conficere solebat, erant solvendae; item magistratui, si instrumenta
insinuarentur. Iis fortasse nonnulli a conficiendis dotalibus abster-
riti sunt.

(4) V. g. L. 23. C. *de testam.* rel. (6. 23). Cf. L. 25. C. *de
nupt.* (5. 4).

(5) L. 25. C. *de sacros. eccl.* (1. 2), Nov. 56. Cap. 1. Cff. L. 41.
C. *de Episc. et Cler.* (1. 3) et supra p. 17.

(6) Vd. *Gothofr.* ad L. 2. C. Th. *de postlim.* (5. 5), L. 2. C.
Th. *de expos.* (5. 7), L. 2. C. Th. *de lenon.* (15. 8), L. ult. C.
Th. *de custod. reor.* (9. 3).

(7) Certe adoptavit L. 23. *laud.*, quam repetiit in L. 41. *laud.*

more generali inde ducendam censeo, quod Imperator voluerit facillimam reddere eam professionem, pluribus quippe locis ecclesia quam magistratu praesente; nam sic non exclusisset magistratum, sed jussisset vel eum vel ecclesiae defensorem adiri. Potius singularem dispositionem ei tribuendam arbitror, quod, etiamsi nondum plane a civitatis principe id requisitum esset, plerumque tamen clerici in nuptiis celebrandis privatim intervenirent (1), neque raro in ipso templo matrimonium jam contraheretur, certe consensus in id ibi affirmaretur (2).

Quum autem non certi oratorii (3) defensor adiri jubeatur (παραγενέσθω πρὸς τινα τῶν εὐκτηρίων οἴκων), non tantum in domicilii, sed universe in quovis oratorio res peragi potuisse videtur; qualis licentia etiam in aliis actis ad statum pertinentibus concessa fuit.

Erat autem ecclesiae ille Defensor non Episcopus, sed patronus sive advocatus ecclesiae, qui jura ecclesiae tueri, ejusdemque causas in judicio persequi debebat, et in ipsos Clericos aliquam jurisdictionem exercebat (4). Quo insigni munere cum laïci tum clerici functi sunt; sed Justiniani aetate plerumque e posterioribus creati videntur (5).

Utriusque conjugis praesentiam requisitam fuisse, ex

---

(1) Vd. *Gothofr.* ad L. 3. C. Th. *de nupt.* (3. 7), *Glück* l. l. p. 336, sqq.

(2) Vd. Nov. laud. cap. sq. Non solum malevolos ita uxores duxisse, palam est; alioquin enim mulieres, quibus hae nuptiae proponerentur, statim intellexissent se deceptum iri et abstinuisseut a tali matrimonio, ita ut brevissime eae fraudes committi desiissent. Perinde manumissio in ecclesia prius moribus introducta, quam lege sancita fuit. Vd. infra.

(3) De Oratoriis vd. *Augusti* op. l. Tom. XI. p. 325 et 336.

(4) Vdd. *Bingham*, origin. s. antiquit. Eccles. Vol. II. Lib. 3. Cap. 11. § 3, sq., *Thomassin*, Anc. et nouv. discipline de l'Eglise, Part. II. Liv. II. Ch. 49. (Tom. I. p. 134, sqq.), *Meursii* Gloss. v. ἔκδικος. (Opp. Tom. IV. p. 325), *Augusti*, op. l. Tom. XI. p. 254.

(5) Vd. ll. ll. pag. sup. nᵛ. 7.

ipsis legis verbis elucet (1).   Sed aliquantum mirari
licet, Justinianum non eorum etiam requisivisse praesentiam, quorum consensu ad nuptias opus esset.   Verum,
ut Anastasio, sic illi Imperatori non hoc videtur fuisse consilium, ut eo instrumento probaretur secundum omnia legis praecepta contractum esse matrimonium, sed unice
ut constaret de affectu nuptiali (2), salvo itaque parentibus aliisque jure impugnandi matrimonii, quod consensus
defuisset, aut initum esset adversus leges.   In contra-
hentium igitur aetatem, justam cognationis distantiam,
aliorum consensum, similia, Ecclesiae Defensori non videtur inquirendum fuisse, quamquam ejusmodi praevia inquisitio haud a jure Rom. aliena (3), et postea etiam
clericis instituenda fuisse videtur (4).

Quod ad formam instrumenti attinet, Imp. ipse eam
praescribit.   In qua tamen hoc miror, alium pro-
poni temporis annotandi ordinem, quam superioris anni
Constitutio imposuerat iis, qui acta, sive in judiciis,
sive ubicumque alibi, conficerent, et tabellionibus et
omnibus quicumque instrumenta qualibet forma scribe-

---

(1) Minus recte *Hombergh su Vach* (de cujus versione vd. *Wes-
seling*, Prob. c. XIII) vertit: *quo declaret — illum eamve ad se
venisse*. Melius versio vulgaris. Graece namque ὁ δεῖνος καὶ ἡ
δεῖνα.

(2) Vd. § 2, cujus ultima verba, » his vero ita factis matrimonium
» et ex eo soboles legitima sint," opinioni nostrae non obstant, sed
sensu relativo sunt accipienda, scilicet quatenus hoc unum matrimonii requisitum attinet, quod affectus nuptialis adesse debet. Contrariam explicationem ad absurda ducere, neminem fugiet.

(3) Ita Augustus Pontifices consuluit de nuptiis cum Livia ineundis, Tac. Ann. I. 7, Dio XLVIII. 44. Cf. Cons. *de Bas.* op. I.
pag. 48; Vd. impr. L. I. C. Th. *de nupt.* (3. 7).

(4) Nam Leo, cognomine Sapientis, Const. 74, sancivit ne ante
legitimum matrimonii tempus futuris conjugibus benediceretur. Cf.
ejusdem Const. 109, ex qua Imp. dispensationem a lege indulgere
potuit. Add. *Boehmer*, l. l. p. 1278.

rent (1). Quam legem quum diligenter dein observatam videam (2), aliter exceptionem illam qui explicem nescio, nisi ut dicam, Justinianum noluisse Clericos legi, de hominibus secularibus latae, adstringere neque etiam illis religiose ordinem hic praescriptum observandum fuisse (3).

Sed oritur hic quaedam difficultas de instrumenti custodia. Nam legis verba jubere videntur, ut hoc, si accipere vellent, traderetur contrahentibus aut eorum alterutri, alioquin reponeretur in sacrario. Verum, quum legislatoris consilium non esset tantum, ut maritus suam probaret affectionem, sed etiam ut haec adversus illum ab uxore, aut contra quoscumque a liberis aliisve probaretur, ita autem, ne de amissionis facilitate loquar, facillime maritus, qui libidini tantum aliquamdiu satisfacere in animo haberet, mulierem decipere, ac dein, instrumentis interversis, suum affectum justumque matrimonium negans, uxorem impune, ut concubinam, domo ejicere liberosque legitimorum juribus privare potuisset (4), illam explicationem vix ferendam putamus. Itaque hunc potius legis sensum esse credimus, ut, si *descriptum* accipere (ἐκλαβεῖν) vellent conjuges, hoc iis traderetur, sive autem vellent sive nollent, semper originale reponeretur in archivo. Cui sententiae favere videtur cum generale depositionis con-

---

(1) Nov. 47. cap. 1. princ.: »hoc modo [sic Versio vulg., Graece οὕτω πως, *Hombergk:* »in hunc *fere* modum''] instrumenta inchoent: »Sacratissimi illius Augusti et Imperatoris anno imperii illo; deinde »nomen Consulis, qui eo anno est, scribant; tertio indictionem cum » mense et die.'' Ut Imperatoris nomen *praeponatur* vult etiam Praef.: τὴν βασιλείαν ἡγεῖσθαι.

(2) Vdd. instrumenta venditionis ann. 540, 541, 572, 591, apud *Spangenb.* op. 1. p. 244, 254, 274, 282; testamenti a. 572, apud eundem pag. 126; donationis a. 587, ibidem p. 197. Novellarum Epilogi alium sequuntur ordinem, item subinde instrumentorum fines, v. g. testamenti laud.

(3) Cf. omnino L. 1. C. *de his qui in eccl. man.* (1. 13): »vice »actorum interponatur *qualiscumque* scriptura,'' rel.

(4) Cf. Nov. 74 Cap. seq.

silium, ὥστε ἀποκεῖσθαι τοῖς ἀνθρώποις (» ut reconditum
sit *omnibus*," Versio vulg.) τὴν ἐντεῦθεν ἀσφάλειαν (1),
tum actorum universe conficiendorum ratio.

Quodnam Imp. significet archivum, ipse dicit (2). Ibidem
asservabantur Constitutiones ad Clerum datae (3), gesta
super tutorum curatorumque creatione (4), alia (5).

Poena neglectae hujus legis satis gravis est, quum matrimonium tunc non legitimum, uxor concubina, liberi
naturales habeantur (6).

Neque tamen lex omnes cives obstringit. Nam praeterquam quod haud pauci excipiuntur ab instrumenti in ecclesia conficiendi obligatione, ipsi etiam, ad quos pertinet,
si velint dotalia conficere instrumenta, ab ea liberantur.
Quin sequens Constitutionis Caput alium etiam permittit
matrimonii ineundi modum, si quis scilicet domi, sacra
tacta scriptura, vel in oratorio juret, se mulierem, quam
duxerit, legitimam uxorem habituram esse (7). Longius
tamen Justinianus, quam Anastasius, progressus est. Nam
non tantum multo generalior est illius lex, sed imponit
etiam necessitatem.

Quo praestantior fuerit lex, et quo certius Justinianus sibi de ejus utilitate et necessitate persuasum habuerit (8), eo minus verisimile esse, eandem brevissime post ab eodem Imperatore esse abrogatam, quisque facile concedet. Et tamen Viri Docti, quos inspicere nobis licuit, id revera accidisse existimant omnes.

---

(1) Vd. § 2. Animadvertatur etiam laud. § initium: » Si non acce-
» perint, *tamen* instrumentum deponat defensor" (ἀλλὰ τὸν τοιοῦτον
ἀποτιθέσθω χάρτην ὁ — ἔκδικος). Itaque conjugum recusatio instrumentum accipiendi non obstabit depositioni generaliter faciendae.

(2) Cf. *D. Gothofr*. ad h. l.

(3) Vd. Epil. Nov. 9, e. g.

(4) L. 30. C. *de episc. aud.* (1. 4).

(5) V. g. instrumenta Manumissionis in Eccles id.

(6) Vd. Cap. 4. § 2, add. Cap. 6.

(7) Nov. 74. Cap. 5; cf. Nov. 117. Cap. 4.

(8) Vd. Cap. 4. princ.

Nimirum, anno tertio post Constitutionem modo allatam, alteram promulgavit, qua, inter alia, haec constituit, quibus manifesto illa respicitur (1): »Quia vero legem »nuper promulgavimus, quae vel dotalia instrumenta con- »fici, vel alias fieri probationes apud defensores Ecclesiae, »per quas nuptias confirmari competat, vel certe jura- »menta praestari, jubet: in praesenti *melius* ea, quae de »his pridem sancita fuerunt, disponere nobis placuit. Ju- »bemus igitur, ut magnis dignitatibus ornati, usque ad »Illustres, non aliter quam confectis dotalibus instru- »mentis nuptias celebrent: nisi quis sola affectione uxorem »duxerit, antequam tales dignitates fuerit consecutus. — »Verum postquam talibus dignitatibus quidam honorati sunt, »non aliter uxores ducant, quam confectis instrumentis do- »talibus. Hanc autem legis subtilitatem remittimus barbaris, »Reipublicae nostrae subjectis, licet ejusmodi dignitatibus »ornati sint: ut, si velint, *nuda* quoque affectione nup- »tias contrahere possint. *Reliquos vero omnes, (praeter* »*eos, qui magnis, ut dictum est, dignitatibus ornati sunt)* »*cujuscunque sint dignitatis, aut militiae, aut studii,* si »velint, vel possint, non prohibemus cum dotalibus in- »strumentis uxores ducere. Quodsi id non observaverint, »sancimus, *ut nuptiae etiam, ex solo affectu probatae,* »*firmae sint: et qui ex iis nascantur, legitimos liberos* »*esse jubemus*" (2). Haec postrema verba fateor equidem videri ita superiori Constitutioni derogare, ut nuptiae sine ullis solennibus dehinc non amplius solis humilioribus, uti illa voluerat, sed omnibus omnino incolis, exceptis tantum Illustribus Romanis, permissae essent (3). Ve- rum praeterquam quod vehementer miramur, legem, ab

---

(1) Quum jam certum sit de mendo in Nov. 74 Epilogo (vd. pag. 78. n°. 1), dubitari nequit, quin illa prior sit et respiciatur.

(2) Nov. 117. Cap. 4, ibique *Hombergk.* Cf. Basil. § 47. *de nupt.* (28. 4), Tom. IV. p. 256.

(3) *Zimmern* op. l. I. 2. § 145: »— und nur bey niederen Ständen »sollen formlose Ehen zugelassen werden (Nov. 74. c. 4), was aber

ipso latore utilissimam judicatam, brevissime post ab
ipso abrogatam esse, prorsus non assequimur, quî, si communes querelae atque clamores adversus eam orti sint,
(quae sola istius abrogationis causa cogitari posse videtur),
verbosus et institutorum suorum amantissimus Imperator
eos tacite potuerit omittere (1), quin ita in transitu et
oblique, nulla addita ratione, gravissimum institutum tol-
lere, ut videatur agnovisse se stulti quid, uti nil magis,
jussisse, et suspiceris ipsum facti puduisse. Nec magis intelligimus, quomodo is judicare potuerit, se ita *melius* rem disponere (συνείδομεν κάλλιον διατυπώσαι), plane autem contrariam sequi et confirmare de viris illustribus agendi rationem (2). Has ob causas necessario aliam explicationem
circumspiciendam arbitror. Fuit, quum suspicabar, duas
esse laudati Capitis partes, quarum posterior omnis ad
barbaros pertineret, et ultimam periodum non *reliquos
incolas*, sed tantum reliquos omnes *barbaros* spectare, ita ut
sensus esset: illustres barbaros, si nolint, non opus habere
instrumentis dotalibus, reliquos item, illis illustribus in-
feriores, posse quidem talia instrumenta conficere, sed
pariter iis non indigere. Verum hoc modo plane otiosum
foret istud additamentum, quum dubitari non posset, quin,
quod Illustribus hac in re liceret, magis etiam inferioribus permissum esset; praeterea significari videntur populi
ejus *reliqui*, cujus Illustres dotalia instrumenta conficere

---

» nach einer späteren Verordnung auch wieder bey den höheren und
» nur nicht bey jenen höchsten gelten soll, denn diese müssen durchaus
» Ehepacten schliessen (Nov. 117. C. 4)." Cff. *Boehmer* l. l. p. 1277,
Justinianum idcirco reprehendens, *Glück*, ausf. Erläut. d. Pand.
Tom. XXIII. p. 342, *Mackeldey* op. l. § 513. Quî *D. Gothofr.*,
Novellam 74, Epilogo deceptus, posteriori, quam Nov. 117, tempori
tribuens, hanc ab illa abrogatam dicere potuerit, non assequor.

(1) Vide e. g. Justiniani de liberis naturalibus Constt. 10-12. C.
eo tit. (5. 27), Nov. 12. C. 4, Nov. 18. C. 11, Nov. 74. Praef.

(2) Vd. Nov. 127. C. 2.

debent. Itaque mitto hanc suspicionem, meliorem mihi
ortam esse confidens. Tribus partibus laudatum Caput
constare judicanti, mihi primâ Justinianus videtur supe-
riorem legem aliquantulum, sed satis supervacue, illus-
trare, secundâ barbaros illustres (*a fortiori* etiam reliquos
barbaros) adeo prorsus ab ea liberare, ut iis vel *nuda*
affectione (διαθέσει ψιλῇ), id est, eadem ratione, atque
humilibus Romanis, legitima matrimonia contrahere permittat, tertiâ denuo leviter eandem legem explicare. Nimirum ex iis, qui coram Ecclesiae Defensore matrimonia
inire debebant, fuerunt, qui putarent, sibi nunc eum
modum solum superesse, ac solis Illustribus valere instrumenta dotalia (1); aut certe Justinianus cogitavit eam
ex sua Constitutione oriri posse dubitationem. Idcirco diserte constituendum duxit, licere omnino reliquis omnibus, Illustrium dignitate inferioribus, instrumentis dotalibus confectis, uxores ducere legitimas, quodsi hoc
nolint, tunc posse eos etiam *solo* affectu (ἐκ μόνης δια-
θέσεως) legitimum inire matrimonium, scilicet si observarent, quae de tali matrimonio iis essent praescripta, id est,
ut, si honestiores essent, eum affectum declararent Cle-
rico, aut certe jusjurandum praestarent; hanc vero cautionem ut plane supervacaneam, quum constaret, qualia
intelligeret matrimonia ex solo affectu, omisit. Ita non
quidem novum quid constituerit, sed accuratius idem repe-
tierit; verum neque priore Capitis parte quidquam innovavit, et neminem fugit, quam saepe idem in Justiniani Novellis occurrat (2). Aliis ejusdem Constitutionis Capitibus
matrimonia ex *solo affectu* confirmantur ut legitima; verum
non tantum ibi inprimis respiciuntur matrimonia ante su-

---

(1) Haud raro cives inepte aut maligne dubitasse de legibus per-
spicuis, docent Justiniani querelae ll. pag. sup. nª. 1. laud.

(2) Ipse Novellae 78 rationem (Cap. 5) his verbis incipit: »Faci-
»mus autem novum nihil, sed egregios ante nos Imperatores sequimur.''

periorem legem inita, quum, quae tractantur quaestiones, non facile de matrimoniis secundum eam contractis
possent moveri, (quamquam non nego de his etiam umquam
eas potuisse oriri); sed nihil quoque impedit, quominus
solus affectus ibi, superioris legis ratione habita, intelli-
gatur vel sine ulla solennitate manifestatus vel solenniter
declaratus, pro matrimonii, de quo quaestio oriatur,
initi tempore et conjugum conditione (1). Ipse autem
vererer, ne sic speciosius quam verius legem explica-
rem, et halucinarer circa Justiniani distinctionem inter
nudum et solum affectum, nisi postea intellexissem sententiam nostram eximie confirmari Theodori, Jcti, Justiniani aequalis, qui commentarios ad Digesta, Codicem et
Novellas scripsit (2), ad laudatum Caput adnotatione.
Οἱ ἀξιωματικοί, inquit μέχρις ἰλλουστρίων γάμους συναλλάσσειν οὐ δύνανται, εἰ μή καὶ προικῷα συγγράψαιεν
συμβόλαια, πλὴν εἰ μή τις πρὸ τῆς ἀξίας ἠγάγετο γα-
μετήν· οἱ δὲ μὴ ὄντες ἐν ἀξιώματι Ῥωμαῖοι, ἢ βάρβαροι
ὑποτελεῖς, κἂν τοιούτοις ἀξιώμασι κεκοσμημένοι εἰσίν, ὡς
βούλονται ἄνευ γαμικῶν συμβολαίων ἄγουσι γαμετὰς, καὶ
μὴ χρῄζουσι παρατηρήσεως γινομένης παρὰ τοῖς ἐκκλησίας
ἐκδίκοις. μέμνησο Νεαρᾶς οδ´ (3): non omnes, qui in dignitate positi sint, sed ex iis soli illustres instrumenta dotalia
facere coguntur, Romani autem, qui nulla dignitate ornati

---

(1) Cap. 3 et 5.

(2) Vd. *C. G. E. Heimbach*, de Basil. origine, fontibus, scholiis,
cet. Cap. 2. § 8.

(3) Schol. ad Basil. l. l. (Tom. IV. p. 280). Harmenopulus, ejusdem
Constitutionis argumentum referens, perinde *reliquos* illos intelligit
dignitate ornatos, *exceptis Illustribus*, ac tradit tantum eos non
indigere *instrumentis dotalibus*, quum l. l. § 16, cui inscriptum est
'Περὶ ἀξιωματικῶν, dicit: Δεῖ τοὺς ἐν ἀξιώματι μεχρὶ καὶ τοῦ
πρωτοσπαθαρίου (illustrium infimi, vd. Basil. l. l. ibique Schol.
innominatus) γάμους μὴ συναλλάσσειν, εἰ καὶ μὴ προικῷα συγγράψαιεν συμβόλαια. οἱ δε λοιποὶ ἄνευ γραμμάτων συμβολαίων
γάμους συναλλαττίσθωσαν.

sint, (id est, humiles et abjecta vita degentes), ac barbari ne declaratione quidem apud Ecclesiae Defensorem indigent, quae vulgo, id est, reliquis omnibus in dignitate positis Romanis (usque ad Ill.) observanda est, et observatur etiam nunc (παρατ. γινομένης), igitur post legem, de qua quaerimus. Quamvis nuptiae absque dotalibus instrumentis contraherentur, non tamen nullam legem observandam esse, sensit etiam Harmenopulus (sec. IX med.), quum scriberet: Περὶ προικώων. Ὁ γάμος καὶ χωρὶς προικώων συμβολαίων συνίσταται· δηλονότι παραφυλαττομένης τῆς τοῦ νόμου παρατηρήσεως (1).

Itaque Justinianum professionem suam ecclesiasticam allatâ lege non sustulisse, sed confirmasse judicamus. Quod autem hic parti populi imposuit, id quin omnibus observandum fuerit, postquam Leo ad matrimonii substantiam benedictionem in ecclesia postulavit, non est quod dubitemus (2); idque ipsa etiam Imperatoris verba, matrimonia confirmari jubentis »benedictionis *testimonio*'' (τῇ μαρτυρίᾳ τῆς ἱερᾶς εὐλογίας) indicare videntur (3).

Sectio II.

DE RELIQUIS MATRIMONII PROBATIONIBUS.

Vidimus a Justiniano demum constitutum esse, ut de contracto matrimonio publice conficeretur et custodiretur instrumentum, et vel ejus legem multum abfuisse, ut omnes imperii Romani incolas obligaret. Itaque et antea et nunc quoque saepissime, ut legitimum matrimonium

---

(1) Harmenop. l. l. § 15.
(2) Cf. supra de Adopt. p. 56.
(3) Leon. Nov. 89.

probaretur, ad alia refugiendum fuit instrumenta. Inter haec praecipuum quendam locum occupant instrumenta dotalia, quippe quae nonnullorum matrimoniis necessaria fuerunt et, quibus confectis, vel publica instrumenta tute omitti posse voluit Imperator. Congruum igitur videtur, ut de his primo loco videamus.

§ 1.

De Tabulis Dotalibus sive Nuptialibus.

Tabularum nuptialium originem ex conventione in manum per coemtionem arcessendam esse existimat *Trekellus*, quandoquidem Romani solebant in mancipationibus conditiones in tabulas redigere (I). Atque hanc opinionem eo confirmari judicat, quod Isidorus: »Materfamilias", ait, »inde vocata, quia per quandam juris solennitatem »in familiam transit mariti. *Tabulae enim matrimoniales* »*instrumenta sunt emptionis suae*" (2), quum antea dixerat: »antiquus nuptiarum erat ritus, quo se maritus et »uxor invicem *emebant*, ne videretur uxor ancilla, sicut »habemus in jure" (3). Recte fortasse doctus ille antiquitatum Romanarum investigator; quamquam non negligendum arbitor alium Isidori locum, ubi: — »*ante usum* »*tabellarum*," ait, »matrimonii cautiones invicem sibi emit- »tebant, in quibus spondebant, se invicem consentire in »jura matrimonii," rel. (4). Quaecumque autem fuerit harum tabularum origo, postea (5) fere semper confectae

---

(1) *Trekell.* ad *Brisson.* de Ritu Nupt. pag. 289. Cf. *Idem* de origine testam. fact. Cap· 3. § 21, pag. 115.

(2) Isidor. Orig. IX. 5. 8. Nescio an Augustinus, loco mox afferendo, paulo aliter dicat, unamquamque bonam uxorem tabulas matrimoniales deputare instrumenta emtionis suae.

(3) Isidor. Orig. V. 24. 26.

(4) Isid. Orig. IX. 7. 3.

(5) Hoc Plauti aetate nondum in usu fuisse, indicare videntur haec Euclionis et Megadori apud eum verba (Aul. II. 2, vs. 79. sqq.):

sunt. Cui rei non parum tribuisse suspicor auctam divortiorum frequentiam indeque ortam cautionum multitudinem ac diligentiam (1). Jam medio Sec. I. p. C. N.
tabularum conscriptionem nuptiarum solennibus annume-
ratam easque tabulas *legitimas*, quasi ad legitimum matrimonium necessarias, appellatas esse, video ex variorum
scriptorum narrationibus de turpibus Messalinae, Claudii
Imp. uxoris, cum Silio nuptiis (2). Deinceps tam apud
alios scriptores, sacros (3) ac profanos (4), quam apud

— »Illud facito ut memineris
»Convenisse, ut ne quid dotis mea ad te afferret filia.
»M. Memini.   E. At scio, quo vos pacto soleatis perplexiarier.
»*Pactum non pactum est, non pactum pactum est, quod vobis lubet.*"
(1) Cf. Gell. IV. 3.
(2) Suet. Claud. 26: »Messalinam — C. Silio etiam nupsisse,
»dote inter Auspices consignata," rel.; ibid. c. 29, »illud omnem
»fidem excesserit, quod nuptiis, quas Messalina cum adultero Silio
»fecerat, tabellas dotis ipse consignaverit;" — Tac. Ann. XI. 26,
sqq.: »cuncta nuptiarum solennia celebrat." — »praedicta die,
»adhibitis qui obsignarent, velut suscipiendorum liberorum causa,
»convenisse: atque illam audisse Auspicum verba, subisse, sacrifi-
»casse apud Deos: discubitum inter convivas:" rel.; — — »redderet
»uxorem, rumperetque tabulas nuptiales; — — »simul codicillos,
»libidinum indices, tradidit;" — Dio Cass. LX. 31; Juven. X. 333. sqq.:
. . . . . dudum sedet illa parato
Flammeolo, Tyriusque palam genialis in hortis
Sternitur, et ritu decies centena dabuntur
Antiquo: veniet cum signatoribus auspex.
Haec tu secreta et paucis commissa putabas?
Non nisi *legitime* vult nubere.
Cf. VI. 200:
Si tibi *legitimis* pactam junctamque tabellis
Non es amaturus, rel.
et Sen. Med. Act. I. vs. 67.
»Et tu qui facibus *legitimis* ades."
(3) Tertull., de virg. vel. c. 12; Augustinus, locis a *Brisson.*, de
form. lib. VI. c. 122, laud., quibus adde Enarr. ad Psalm. LXXXI,
Tom. IV. p. 651. e.
(4) Juven. locis laud., II. 119 et IX. 75; Quintil. Inst. Or. V.
11. § 32, Appul. Apol. p. 575, Xiphil. LXXXIII. 13.

JCtos (1) atque in Imperatorum constitutionibus, ad Justinianum usque (2), mos ille tamquam adeo generalis occurrit, ut ejus omissio exceptionis loco sit. Viri quidem
juris periti noverant eum non esse necessarium (3), sed
vulgus aliter sentiebat. Apparet hoc cum aliunde, tum
ex Gordiani (4), Diocletiani et Maximiniani (5), Theodosii (6), et variis Justiniani constitutionibus, quibus cavent,
ne quis existimet, tali instrumento omisso, deesse matrimonio, alias recte inito, firmitatem. Cui multitudinis de
tabularum nuptialium necessitate opinioni quum accederet
praesumtio inter personas honestate impares non contrahi
justum matrimonium, sed concubinatum (7), Justiniani
aetate haud raro matrimonia legitime, sed absque dotalibus instrumentis, inita, temere et cum summo uxorum
liberorumque detrimento negabantur (8).

(1) E. g. Scaevola in L. 12. D. *de dote prael.* (33. 4) et L. 66,
D. *de don. int. vir. et ux.* (24. 1); Paulus in Fragm. Vat. § 96;
Papinianus in L. 31. pr. D. *de donat.* (39. 5); Callistratus in L.
48. D. *soluto matr.* (24. 3).

(2) V. c. Alex. Sev. in L. 1. C. *de dot. promiss.* (5. 11) et L.
1. C. *de dote cauta non num.* (5. 15); Diocl. et Max. in L. 3. C.
de dote prom.; Theod. et Val. in L. 6. C. *eod.* et L. 5. C. *de pact.
conv.* (5. 14), Justinianus in L. 3. C. *de dote cauta.* rel., L. 11.
C. *de pact. conv.,* L. un. § 9. C. *de Lat. lib. toll.* (7. 6).

(3) Quintil. Inst. Or. V. 11. § 32. Declam. 247, Gajus in L.
4. D. *de fide instr.* (22. 4).

(4) L. 9. C. *de nupt.* (5. 4).

(5) L. 13. C. *eod.*

(6) L. 3. C. Th. *de nupt.* (3. 7). quae est L. 22. C. J. *eod.* (5. 4).
Cf. L. 8. § 3. C. *de repud.* (5. 17). In L. tamen 6. C. *de dot. prom.*
(5. 11), »ad exactionem dotis-qualiacumque sufficere verba, *sive
»scripta fuerint, sive non,"* ultima haec verba non eorumdem
Impp., sed Triboniani esse videntur: vd. *Gothofred.* ad L. 4. C. Th.
de dotibus (3. 13).

(7) Vd. L. 23. § 7. C. *de nupt.* (5. 4), coll. L. 22. C. *eod.* sive
L. 3. C. Th. *eod.* (3. 7), ubi cf. *Gothofr..* Attamen exstitit haec
praesumtio post Modestinum Basil. Tom. IV p. 241, fortasse ex ipsa
Theodosii Const. in L. 3 laud.

(8) L. 11. pr. et § 1. C. *de repud.* (5. 17), Nov. 22. Cap. 18,
Nov. 74, Cap. 5. princ.

His igitur tabulis admodum generalibus non tantum ipsa dos, additis quantitate (1) et quibuscumque cautionibus (2), comprehendi solebat, sed si minus semper, saltem plerumque, illae his verbis incipiebant: Cajum et Titiam se jungere *liberorum procreandorum causa*, id est, legitimum matrimonium, non concubinatum, inire (3). Unde facile perspicitur, quomodo idem instrumentum et *dotale* et *matrimoniale* vel *nuptiale* (προικῶα — γαμικὰ συμβόλαια) dici potuerit (4). De quarum appellationum usu promiscuo ne quis dubitet, animadvertamus, jam Messalinae tabulas dotales a Tacito *nuptiales* vocari (5), Appulejum idem uxoris suae instrumentum modo hoc, modo illo insignire nomine (6), denique plura in Codice atque Novellis exstare loca, ubi nomina ea manifesto confunduntur (7).

Ubi tabulae confectae erant, recitabantur in conspectu omnium attestantium (8). Hi testes in confarreatione

---

(1) Interdum tamen quantitas non adscribebatur: L. 1, L. 3. C. *de dotis prom.* (5. 11); subinde malo consilio.

(2) Vdd. passim Titt. D. et C. *de pactis dotalibus* (23. 4; 5. 14). Add. omnino Appulej. Apol. p. 582, sqq.

(3) Vdd. *Lipsius* ad Tac. Ann. XI. 27, *Brisson.* de form. VI. 122, *Dirksen*, op. l. pag. 53, sq., *Savigny*, üb. die erste Ehesch. in Ztschr. Tom. V. p. 271, sqq.

(4) Varia tabularum nuptialium nomina Latina recenset *Brisson.* de form. VI. 124. Simpliciter *dotales* (sc. tabulae), ut saepius Gr. προικῶα, omisso substantivo, vocatae videntur ab Appul. Apol. p. 602. Interdum *tabulae matrimoniales* vocantur, vd. *Trekell.* ad *Brisson.* Ant. Sel. I. 5. *Instrumentum ad matrimonium pertinens*, L. 2. C. *de nuptiis* (5. 4). Δέλτοι (sc. προικῶοι) apud Dosith. D. Adriani Sent. etc. § 11.

(5) Vd. pag. 90 n°. 4.

(6) Appul. Apol. p. 582, sq. 601, 602, coll. 575.

(7) L. 1. C. *de dot. prom.* (5. 11); L. 10, L. 11. C. *de nat. lib.* (5. 27); Nov. 18. C. 11; Nov. 74, Praef. princ., § 1, coll. § 2, Cap. 1, Cap. 4, princ. coll. § 1 et 2; Nov. 78. C. 4, princ.; Nov. 117. C. 3, Nov. 123. C. 40.

(8) »Ceterum," ait Augustin. Serm. LI. cap. 13. § 22. »qui uxo- »ris carnem amplius appetit, quam praescribit limes ille: *Libero-* »*rum procreandorum causâ*, contra ipsas tabulas facit, quibus eam

decem (1), in coemtione, praeter libripendem, quinque
esse debebant (2). In reliquis vero, sine manu, matrimoniis, quae libera vocantur, quot esse debuerint, non
satis constat. Nam quod *Trekellus* existimat, duos suffecisse (3), id tunc tantum locum quodammodo habere
potuerit, si numerus non fuerit expresse Lege requisi-
tus (4). Nec multo certior videtur nonnullorum (5) propter Ambrosii (?) locum (6), opinio, sive ex lege sive ex
consuetudine decem fuisse adhibendos (7). Mihi, facile
licet *Trekello* concedenti plerumque plures fuisse adhibitos, verisimilius videtur, si certus numerus fuerit prae-
scriptus, (qua de re propter veterum silentium et regulam, solo consensu nuptias contrahi, non parum dubito),

---

» duxit uxorem. Recitantur tabulae, et *recitantur in conspectu*
» *omnium attestantium*, et recitatur: *liberorum procreandorum*
» *causd*; et vocantur tabulae Matrimoniales. Nisi ad hoc dentur, ad
» hoc accipiantur uxores, quis sana fronte dat filiam suam libidini
» alienae? Sed ut non erubescant parentes, *cum dant*, recitantur
» tabulae; ut sint soceri, non lenones. Quid ergo de tabulis reci-
» tatur? *Liberorum procreandorum causd.* Tergitur frons patris
» atque serenatur. Videamus frontem viri accipientis uxerem. Eru-
» bescat et maritus aliter accipere, si erubescit pater aliter dare."
(1) Gaj. I. 112, Ulp. IX.
(2) Gaj. I. 113.
(3) *Trekell.* ad *Brisson.* p. 290.
(4) » Ubi numerus testium *non adjicitur*, etiam duo sufficient:
» pluralis enim elocutio etiam duorum numero contenta est." Ulpia-
» nus in L. 12. D. *de testib.* (22. 5).
(5) *Hotomannus*, de sponsal. c. 3, *Trekell.* l. l., *Bingham*,
op. l. Tom. IX. p. 323, alii.
(6) » Nam si inter decem testes confectis sponsalibus, nuptiis con-
» summatis, quaevis foemina viro conjuncta mortali non sine magno
» periculo perpetrat adulterium; quid quod inter innnmerabiles testes
» Ecclesiae, coram Angelis et exercitibus Coeli copula facta spiritua-
» lis per adulterium solvitur?" S. Ambros. de lapsu virginis conse-
cratae c. 5, Opp. Tom. II. p. 310. ed. *Benedict.*
(7) Nam praeterquam quod de auctore dubitatur, (vd. Edd. laud.
pag. 301, sq.), numerum definitum pro indefinito, vel etiam majorem pro minore usurpatum esse, suspicantur Editores ad l. l.

septem adhiberi debuisse, maxime si lex Papia hac de re quid praeceperit, quandoquidem ab antiquissimis inde temporibus, in plerisque certe negotiis, testium numerus videtur fuisse septinarius (1), et leges Julias in similibus attestationibus eum numerum requisivisse sequentia docebunt (2).

Praeterquam ab his attestantibus tabulae subscribebantur et consignabantur (3), uti res ipsa loquitur, a marito iisque qui dotem dabant quorumque consensu opus erat (4). Mutuae namque tam supra dotem quam supra matrimonium liberisque inde oriundis ex conventionibus instrumento comprehensis contrahebantur obligationes. Quodsi quis judicet, mulierem, si neque ipsa dotem daret nec suus ipsi sufficeret consensus, non subscripsisse, videtur certe consensum suum palam esse professa (5). Sunt autem, quare suspicemur (6), Auspices quoque, quorum in nuptiis adhibendorum morem diutissime fuisse, infra videbimus (7),

---

(1) Vd. *Spangenb.* Tabb. negott. pag. 37, laudans *Palzmann*, de honesta militum missione p. 30. Cf. etiam *Bethmann-Hollweg*, de causae probat. p. 110.

(2) Vd. infra de testatione in nuptiis Latini Juniani, et Divortio.

(3) Vdd. *Brisson.* de R. N. p. 290. et *Dempster.* op. l. p. 432.

(4) Patris subscriptio memoratur in L. 2. C. *de nupt.* (5. 4). Profecto Claudium quoque, ut ad rem necessariam, induxerunt ad Messalinae tabulas nuptiales consignandas; qua de re quid narret Suet. Claud. 29, supra p. 90 n⸳ 4 attulimus. Cf. etiam *Spangenb.* op. l. pag. 36 et 53.

(5) Augustinus, Serm. XXXVII. c. 6: » Et unaquaeque conjux » bona maritum suum dominum vocat. Prorsus non solum vocat, » sed hoc sapit, hoc sonat, *hoc profitetur ore*, tabulas matrimo- » niales instrumenta emtionis suae deputat,''

(6) » Fuerunt autem (Auspices) principes in civitate viri ac ple- » rumque, ut videtur, patricii; hi enim soli auspicia se habere jac- » tabant (Liv. IV. 6): et quum multi ex patriciis juris civilis scientia » clari essent, iidem auspices plerumque etiam pacta de dote con- » scripsisse videntur et universe amicam operam praestitisse." *J. de Bas*, disp. laud. p. 43. Cf. *Trekell.* ad *Brisson.* de R. N. pag. 289.

(7) Vd. hujus Sect. §. 5.

tabulis dotalibus subscripsisse easque consignasse (1). Quae
suspicio fortasse non parum eo confirmatur, quod postea,
teste Augustino, Episcopi iis subscripserunt (2); siquidem
Christiani in nuptiis permultos antiquae religionis ritus
atque solennia retinuerunt (3). Quod vero ad consignationem, animadvertere debeo, locupletem esse testem,
qui referat, eam Justiniani aetate non amplius in usu
fuisse (4).

Ex hac instrumentorum nuptialium conscribendorum
ratione apparet, de variis matrimonii requisitis inde
constitisse. Probabatur iis plene conjugum consensus.
Vix minus certo ex iis cognoscebatur animus maritalis.

---

(1) » Dote inter Auspices consignata,'' Suet. Claud. 29; » veniet
» cum signatoribus Auspex,'' Juven. X. 336. *Schulting.* ad Gaji
Inst. II. 9. 3. (Jus Antej. p. 153), *Heinecc.* ad L. Pap. Popp.
pag. 256, *Bach.* ad *Brisson.* de Form. p. 519, *Glück*, op. l. Vol.
XXII., 399. qui tacite illorum opinionem adoptat, *de Bas*, l. l. pag.
44, alii ex locis illis, addito Tac. XI. 27, ad Messalinae nuptias
pertinentibus (vid. pag. 90 nᵃ. 4), conficiunt, moris fuisse, ut
dos, si daretur, pridie nuptiarum, vel circiter, consignata apud
auspices deponeretur, in crastinum viro tradenda. Verum manifesto
consignatio, de quibus Suet, Juven., Tacit., alii occasione dicti matrimonii loquuntur, ipso nuptiarum die locum habuit (vd. pag. 90 nᵃ.
4); et reliqua, excepto Suetonii, loca de ipsis rebus dotalibus obsignandis accipi nequeunt, nedum de iis obsignandis pridie nuptiarum et tradendis die earum crastino, nisi absurda velis statuere,
v. c. Juvenalem l. l. *signatores* vocare homines, qui dotem obsig-
natam absportent, nam occurrunt quodammodo tamquam Auspicis
socii. Add. Tac. Ann. XV. 37, coll. Juven. II. 119. Unde multo
mihi facilius videtur, *dotem* apud Suet. accipere pro *tabulis, quibus dos comprehendebatur;* cui opinioni magnopere favere videntur
reliqua loca ad dictas nuptias pertinentia (vd. nota laud.).

(2) August., in Serm. CCCXXXII. § 4, auditores ad castitatem
exhortans: » Verum est,'' ait: » istis tabulis subscripsit Episcopus:
» ancillae vestrae sunt uxores vestrae, domini estis uxorum vestrarum.''

(3) Vdd. *Bingham*, op. l. Vol. IX. pag. 341, sqq., *Augusti*,
op. l. Vol. IX. pag. 310—334.

(4) Theodorus ad L. 2. laud., Basil. Tom. V. p. 276, quem locum
negligenter vertit *Fabrotus.*

Quae causa fuisse videtur, cur interdum illa requisita fuerunt in matrimoniis, quae praesumebantur non legitime esse inita, sed potius ut mulier esset concubina: in nuptiis v. g. inter impares honestate personas (1), aut si, qui hactenus in concubinatu vixissent, nunc, mutata affectione, in legitimo matrimonio vivere decernerent (2). Sed non eo tamen haec tabularum vis valebat, ut non admissa fuisset probatio contraria: nemine contradicente, probabant plenissime animum maritalem, adversarius, si hunc negaret, contrarium probare debebat. Hinc Quintilianus: »nihil,'' inquit, »proderit signasse tabulas, si »mentem matrimonii non fuisse constabit'' (3). Atque idem docere videtur Papinianus, Responsorum Libro XII: »Donationes,'' ait, »in concubinam collatas non posse »revocari convenit, nec si matrimonium inter eosdem »fuerit postea contractum, ad irritum recidere, quod ante »jure valuit. An autem maritalis honor et affectio pri- »dem praecesserit, personis comparatis, vitae conjunc- »tione considerata, perpendendum esse respondi: *neque* »*enim tabulas facere matrimonium*'' (4). Scilicet, aut tabulae illae, de quibus quaerebatur, diem, cohabitationis initio posteriorem, ostendebant, et is qui donationem revocatam esse volebat, ex argumento, quod tabulae *aliquando* factae erant, probare conabatur mulierem ab initio justam uxorem fuisse, altero idem de tempore tabulis priore, quo facta erat donatio, negante, aut conscriptae illae ferebantur in ipso cohabitationis initio, et is qui

---

(1) Vd. ll. ll. supra p. 92. n^{a}. 1.

(2) Vd. infra de Legitimationis probationibus.

(3) Quintil. Inst. Or. V. 11. § 32; ubi male *Brisson.* de R. N. pag. 306, transposita negatione, legit: »si mentem matrimonii »fuisse non constabit.'' Ita numquam profuissent tabulae, et semper mens matrimonii illas proferenti fuisset probanda. Nunc vero ex Quintiliani verbis sequitur, tabulas omnino prodesse, nisi adversarius *probet* mentem matrimonii non fuisse.

(4) L. 8. D. *de donat.* (39. 6).

donationem impugnabat, scripturae innitebatur, quum
alter falsum a conjugibus diem additum esse contendebat,
initio nempe et donationis adhuc tempore conjuges in
concubinatu vixisse. Quam posteriorem ideo potius causam fuisse autumo, quod, quum non dubitatum videatur,
quin tabulae recte affirmarent, aliquando matrimonium
esse contractum, JCti tamen ultima verba ad quaestionem
de tabularum fide et veritate pertinere videntur (1), videlicet ad eam, an fieri posset, ut matrimonium non
adesset, licet tabulae hoc affirmarent, sive ut non eo
adfuisset tempore, de quo instrumenti scriptura id referret; cui quaestioni in altera causa locus non fuisset, in
qua quippe quaerebatur, an tabularum vis etiam de eo
valeret tempore, de quo non loquerentur, sive an praesumtio ex iis ultra ipsa verba posset deduci (2). Itaque
tabulae nuptiales probant quidem animum maritalem, sed
quum hunc (qui matrimonium distinguit a concubinatu)
non *faciant*, contraria admissa est probatio.

Praeterea vero, quum ii, quorum consensus requireretur, subscribere solerent, etiam hic consensus ex instrumento nuptiali plenissime probabatur (3): donec subscriptio falsi argueretur, aut per dolum, vim, errorem
facta demonstraretur (4). Neque tamen hujus subscrip-
tionis absentia probabat, patrem v. g. non consensisse:
haec probatio aliunde fieri poterat, sufficiebat adeo, ut
pater probaretur, nuptiis cognitis, non contradixisse (5).
Eo pertinet hoc Severi et Antonini rescriptum: » Si nup-
» tiis pater tuus consensit: nihil oberit tibi, quod in-

---

(1) *Tabulae non faciunt matrimonium*, id est, fieri potest, ut
tabulae falso affirment matrimonium esse. Dubium erat, annon tabulae, de quibus quaerebatur, id facerent.

(2) Cf. tamen *Averan*. Interpp. juris, IV. 25. 4 et 26. 24.

(3) Arg. L. 2. C. *de nupt.* (5. 4).

(4) Sicut Claudii Imp. in Messalinae tabulis. Suet. Claud. 29.

(5) L. 5. C. *de nupt.* (5. 4).

„strumento ad matrimonium pertinenti non subscrip-
„sit" (1).

Sed licet de animo maritali et de omnium, quorum
opus esset, consensu constaret, non ideo certum erat,
matrimonium revera esse *initum.* Ut tabulae hoc possent
probare, necesse erat, ut vel in ipso matrimonii initio
vel postea essent confectae: alioquin non nisi propositum
aliquod, consilium, probabant. Jam, nisi omnia me fal-
lant, non vulgus tantum Romanum, sed JCti quoque
matrimonii initium posuerunt in ipso nubentis in domum
maritalem transitu (2): in hoc vitae conjunctionis (3) exordio
mutuus viri ac mulieris in matrimonium contrahendum

---

(1) L. 2. *eod.*
(2) L. 9. D. *de sponsal.* (23. 1), L. 5. D. *de ritu nupt.* (23. 2),
L. 68. D. *de j. dot.* (23. 3), L. 23. § 27. D. *de donat. int. vir.
et ux.* (24. 1), L. 8, L. 66. § 1. D. *de divort.* (24. 2), L. 10.
pr., L. 15. D. *de cond. et dem.* (35. 1), L. 8. altera, C. *de nupt.*
(5. 4), L. 6. C. *de donat. ante nupt.* (5. 3). Solus, nisi fallor, qui
contrarium doceat, locus est Scaevolae in L. 66. pr. D. *de divort.*,
quo Virorum Doctorum complurium nititur sententia, *matrimonium
jam adesse, simul ac in nuptias consensum sit,* et tantum (propter L. 6. C. Th. *de tironibus,* et L. 15. D. *de cond. et dem.*,
quae tamen non loquuntur de aliqua solenni deductione), *si de explenda voluntate aut legis aut tertii alicujus agatur, deductionem
requiri.* Verum si animadvertamus, eam doctrinam innumeris aliis
locis, matrimonium ante mulieris transitum non adesse docentibus, adversari, nisi, quod absurdum foret, his omnibus de explenda legis aut
tertii voluntate agi credamus; si praeterea, ut de aliis argumentis
taceam, consideremus, JCtum statim in ejusdem Legis § seq. ipsum
docere contrarium, adeo ut, quidquid de nuptiarum, in § hacce
commemoratarum, solennitate dicatur, uterque locus prorsus componi
nequeat, nisi existimemus, quod existimari non licet, posteriore
loco nuptias intelligi, in quas, dum donatio quaedam fiebat, nondum erat consensum; has ob causas non dubitamus, quin Legis 66.
laud. principium mutilum sit, quod vel ipse perversus loci nexus indicare videtur.
(3) Vdd. Ulpiani, Modestini, Justiniani definitiones matrimonii in
L. 1. § 3 D. *de just. et jure* (1. 1), L. 1. D. *de ritu n.* (23. 2),
§ 1. J. *de patr. pot.* (1. 9).

consensus ipsum constituebat matrimonium (1). Et hujus transitus, celebri plerumque, die, qui nuptiarum dies vocatur, tabulae nuptiales subscribi et consignari quidem solebant (2); sunt etiam loca, propter quae ferme tabulas post mulieris deductionem consignatas suspiceris (3); sed, ne urgeam, quod interdum, ut mox videbimus, sermo est de tabulis, quas nuptiae non sint sequutae, quum migratio illa, certe si solenniter celebraretur, sub noctem fieri (4) et coenam excipere soleret (5), in eam potius inclino sententiam, ut moris fuisse putem, eas aliquot horas ante matrimonii initium consignare. Post nuptiarum diem eas esse consignatas, nullus est, quantum scio, qui

---

(1) Regula: *consensum* (non concubitum, non solennem deductionem aliamve celebritatem, non dotem, non tabulas nuptiales) *facere* (sc. vitae conjunctionem) *matrimonium*, saepe cum apud alios, sacros atque profanos, scriptores, tum apud JCtos et in Impp. constitutionibus occurrit, v. c. in L. 2, L. 16. § 2, L. 21, L. 22. D. *de ritu nupt.* (23. 2), L. 4. D. *de concub.* (25. 7), L. 15. D. *de cond. et dem.* (35. 1), L. 30. D. *de reg. jur.* (50. 17). Nuspiam tamen, quantum scio, dicitur consensus *statim* facere nuptias, neque, praeterquam in L. 66. pr. D. *de divort.*, respondetur eâ regulâ ad quaestionem quo temporis puncto contrahatur matrimonium sed, ad eam, utrum inita vitae conjunctie matrimonium sit necne. Quod ideo moneo, ne quis existimet, illam regulam memoratae in nᵃ. 2. pag. sup. doctrinae favere.

(2) Vide loca de Messalinae nuptiis; add. Juven. II. 119, Tac. XV. 37, Appul. Apol. p. 575, aliaque haud pauca e passim hactenus memoratis. Cf. magnus locorum numerus apud *Brisson.* Sel. Ant. I. 18 et *Rosin.* op. l. pag. 427, sqq.

(3) Juven. II. 119:
    Signatae tabulae: dictum Feliciter! ingens
    Coena sedet: gremio jacuit nova nupta mariti.
Scaevola in laud. pag. sup. nᵃ. 2. fragm.: »antequam domum deduceretur tabulaeque dotis signarentur."

(4) *Deductionis* ritus vide apud *Brisson.* l. l., *Rosin.* l. l., *Grupen.* de ux. Rom., Praef. § *Deductionem.*

(5) *Brisson.* de R. N. pag. 330, *Rosin.* op. l. pag. 429, *Dempster.* in Paralip. pag. 433.

7 *

indicet, locus(1); quamquam negare nolo, fortasse nonnumquam, qui sine instrumentis nuptias celebrassent,
postea, quo certius de matrimonio constaret, illa conficere decrevisse, et facile largior, si concubinatus in matrimonium esset conversus, hujus subsequuti matrimonii
instrumenta aliquantulum serius esse confecta, quam vir
cum concubina de matrimonio legitimo ineundo consensis-
set, et hoc ipso consensu matrimonium esset contractum (2).

Ex dictis, nisi fallor, apparet, instrumentis matrimonii
consequuti, iisque, quae post initas legitime ab initio
nuptias conscribi essent decreta, plenissime matrimonii
consummationem potuisse probari; reliquis autem merito
quidem concessum esse, ut, nemine contradicente, probarent, revera locum habuisse matrimonium, si quidem
parum erat verisimile, brevissimo temporis spatio inter
tabularum consignationem et nupturae deductionem, missum esse matrimonii ineundi propositum; sed, quum haec
animi mutatio per rerum naturam non esset impossibilis,
jure quoque, ipsi etiam viro aut mulieri, licet tabularum
conscribendarum tempore adhuc in nuptias consensissent,
permissam fuisse probationem contrariam, nempe vel
concubinatum tantum initum, vel nullam prorsus vitae conjunctionem sequutam esse. Multum ab hac tabularum
vi pendebat in quaestionibus de dote, de donationibus
ante nuptias, de luctu, de patria potestate, de legitimis
liberorum natalibus. Atque Romanos ita, ut diximus,
judicasse, tabulas nuptiales (nisi serius essent confectae)
proprie tantum matrimonii contrahendi propositum continere, non uno veterum loco docetur. Sic Dositheus

---

(1) In laud. L. 66. pr. D. *de divort.* legimus quidem, *tabularum
consignationem plerumque et post contractum matrimonium fieri;*
verum matrimonium ibi contractum dicitur ante mulieris in domum
maritalem transitum. cf. pag. 98. n^a. 2.

(2) Hic enim vitae conjunctio jam ante inceperat, ita ut consensus
eam statim *matrimonium* facere posset.

tale refert Hadriani responsum: Dicente quadam muliere, sibi auferri congiarium filii sui a Titio, qui se
diceret patrem ejus esse, sed extra justas nuptias Titium
filium ex se procreasse, atque idcirco congiarium ad se
pertinere, negavit alter, dicens tabulas nuptiales ostendere, se justum cum muliere contraxisse matrimonium;
respondit mulier, se civem quidem Romanam esse et cum
eo tabulas conscriptas habere, nuptias tamen non esse
contractas. Quum igitur non posset ille ostendere filium
suum esse, de quo agebatur, Hadrianus dixit: »Quoniam
»igitur filius tuus non esse videtur, redde alienum congia-
»rium'' (1). In eandem sententiam rescripserunt Diocl. et
Maxim. »sine nuptiis instrumenta facta ad probationem ma-
»trimonii non esse idonea, diversum veritate continente'' (2).

Sed licet plerumque ipso nuptiarum die tabulae consignarentur, interdum tamen id prius, statim fortasse
post inita sponsalia, factum videtur (3). Atque tunc
eo facilius quaestiones, quales modo memoravimus, oriri
poterant, siquidem, fortasse haud brevi tempore post conscriptas tabulas, animo sponsi vel sponsae vel eorum, quorum opus esset in nuptias consensu, mutato, non cogi-
tabatur de delendo instrumento, quod numquam vim erat
habiturum atque idcirco etiam nocere non poterat. Hujus
usus luculentum exemplum occurrit in laudata saepius
Appuleji defensione: »Aemilia Pudentilla'', ait, »quae
»nunc mihi uxor est, ex quodam Sicinio Amico, quicum
»antea nupta fuerat, Pontianum et Pudentem filios ge-

---

(1) Dosith. op. l. § 11, de quo corrupto loco cff. *Schulting.* in Jurispr. Antej. p. 869, et *Böcking*, in Corpore Juris Rom. Antej. pag.
209, sq., qui ipsum filium quoque arcessitum esse propter scripturae
vestigia existimant.

(2) L. 13. *de nupt.* (5. 4), ubi cf. Thalelaeus in Basil. Tom. IV.
pag. 276.

(3) Id semper factum existimant *Brisson.* de R. N. pag. 289, sq.,
Trekell. ad eundem, l. l., aliique haud pauci. Sed, qui pleraque,
quae afferunt, testimonia (v. c. de Messalinae nuptiis, supra p. 90
n°. 4) talem explicationem admittant, non assequor.

»nuit: eosque pupillos relictos (patre mortuo) in potes-
»tate paterni avi —, per annos ferme quatuordecim, —
»sedulo aluit. Non tamen libenter in ipso aetatis suae
»flore tam diu vidua: sed puerorum avus invitam eam
»conciliare studebat alteri filio suo, Sicinio Claro; eoque
»ceteros procos absterrebat —. Quam conditionem quum
»obstinate propositam videret mulier sapiens et egregie
»pia, — facit quidem tabulas nuptiales, cum quo jube-
»batur, cum Sicinio Claro: verum enimvero vanis frus-
»trationibus nuptias eludit, eo ad, dum puerorum avus
»fato concessit —. Eo scrupulo liberata, cum a principibus
»viris in matrimonium peteretur", rel. (1). Nil prohi-
buerunt tabulae illae, quominus Pudentilla nunc Appulejo
nuberet, nec verbum apud hunc de illis delendis occurrit. Ejusmodi autem instrumenti auctoritas varia quidem
esse poterat, prouti nuptias sponsalia proxime secuturas
fuisse pateret, harum fortasse dies illo jam comprehenderetur, vel non; sed multo certe minor ejus erat vis,
quam si ipso nuptiis constituto die esset confectum.

Si has ita pridem conscriptas tabulas excipias, e reliquis etiam optime cognoscebatur ipse initi matrimonii dies. Solebant enim, immo debebant, Romani omnibus instrumentis Consulem ac diem addere (2); atque

---

(1) Appul. Apol. p. 541.
(2) Vdd. v. c. Suet. Caes. 20, L. 1. § 2, L. 4. pr., L. 6. § 6.
D. *de edendo* (2. 13), L. 34. § 1. D. *de pign. et hyp.* (20. 1), L.
2. § 6. D., L. 3. C. *testam. quemadm. aper.* etc. (29. 3; 6. 32),
L. 3. pr. D. *de accus. et inscr.* (48. 2), L. 4, C. *de div. rescr.*
(1. 23), L. 1. C. *de apochis publ.* cet. (10. 22), Nov. 44. c. 2,
Nov. 47, al. Cff. *Brisson.* de form. VI. 113, ibique *Bach*, *Gothofr.*
ad L. 9. C. Th. *de infirm. his quae sub Tyr.* (15. 14), *Spangenb.*
op. 1. pag. 29, sqq. Qua diligentia nonnumquam tempus adderetur,
novimus e Suetonii de Augusto, in vita cap. 50, testimonio: »Ad
»epistolas omnes" (scil. quae de publicis rebus essent, *Casaub.*)
»horarum quoque momenta, nec diei modo, sed et noctis, quibus
»datae significarentur, addebat." Necessariam fuisse temporis adjectionem, cum aliunde satis constat, tum ex exceptione in laud.
L. 34. § 1. D. *de pignor. et hyp.*

ab hac ipsa temporis notatione (aliter in epistolis (1)) incipiebant. Ab hac autem regula tabulas nuptiales non fuisse
exceptas, diserta nos docent Chrysostomi (2) et Libanii (3)
testimonia. Quodsi tabulae aliquamdiu post nuptias initas
conscriberentur, addebatur fortasse ipse nuptiarum dies, nisi
instrumento hic diserte commemoraretur. Nam istiusmodi
προχρονισμός, partibus consentientibus, jure Romano non
plane fuit vetitus (4); quamquam prioris diei adjectionem
concubinam non facere potuisse uxorem, jam supra Papiniani responso docere conati sumus (5). Quum vero facilius etiam, post conscriptas jam solito tempore tabulas,
nuptiae differri, quam matrimonii consilium plane mitti
posset, consequens est, adversus temporis notationem,
instrumento comprehensam, omnino admissam fuisse probationem contrariam.

Instrumentis cum publicis tum privatis etiam conscrip-
tionis locum addi solitum esse, satis notum est (6). Hoc
an fieri quoque consueverit in instrumentis nuptialibus,
ut ita initi matrimonii locus ex iis cognosceretur, definire
non ausim. Sed erit tamen fortasse, qui aliquantulum
hujus usus indicium peti posse judicet ex hoc Ulpiani
fragmento: »Exigere dotem mulier debet illic, ubi mari-
»tus domicilium habuit, non ubi instrumentum dotale
»conscriptum est: nec enim id genus contractus est, ut
»et eum locum spectari oporteat, in quo instrumentum
»dotis factum est, quam eum, in cujus domicilium et
»ipsa mulier per conditionem erat reditura" (7).

---

(1) *Spangenb.* op. l. pag. 29.
(2) Chrysostom. Tom. VI. ed. *Benedict.* p. 110. —: τὰ γραμματεῖα
τὰ περὶ γάμων — ἐὰν μὴ τῆς ὑπατείας τοὺς χρόνους ἄνωθεν ἔχῃ
προγεγραμμένους, πάσης ἔρημα τῆς οἰκείας ἐστὶ δυνάμεως.
(3) Liban. εἰς Ἰουλιανὸν Αὐτοκρ. ὕπατον (Kal. Jan. 368) ed.
Reisk. Vol. I. p. 163.
(4) L. 3. D. *de fide instr.* (22. 4).
(5) Vid. supra p. 96.
(6) Vd. passim instrumenta in *Spangenb.* op. l.
(7) L. 65. D. *de judic.* (5. 1).

Sed, quamvis tam communis esset tabularum nuptialium
conscribendarum mos, cum Romae, tum in provinciis (1),
tantaque earum ad probanda matrimonii requisita, tempus, alia, utilitas, ut non miremur, Romanos ad Justiniani usque aetatem propiis carere potuisse matrimonii professionibus; multum tamen illa utilitas eo cir-
cumscribebatur, quod non erant nisi instrumentum privatum: unde et facile perire et a solo tantum possessore
adhiberi poterant. Scio equidem, *Glückium* existimare,
tabulas apud Auspices vel in templo cujusdam dei esse
depositas (2), nec diffiteor, forsitan haud raro id accidisse, quum Romanis in moribus positum esset, cum alia
tum conventionum privatarum documenta sacrae aedis et
sacerdotum custodiae committere (3); sed neque ipse (4),
nec *Fornerius*, ad quem provocat (5), hujus usus, quod
ad tabulas dotales, exemplum affert, nec mihi tale
innotuit. Fortassis huic incommodo saepe multum sub-
ventum est, conficiendo, quemadmodum testamentorum

---

(1) Arg. sint Appuleji, Tertulliani, Augustini ll. ll.

(2) *Glück*, op. l. Vol. XXII. pag. 398.

(3) Vdd. *J. G. Hoffmann*, sing. capp. ex hist. Triumv. cet., in
Fellenbergii op. l. Tom. II. pag. 318, *Fornerius*, rer. quotid. VI.
4, in *Ottonis* Thes. jur. Tom. II. p. 286. Add. Tac. Ann. I. 8,
ibique *Lips.*, Suet. Caes. 83, Oct. 101, ibique Interpp., L. 5. D.
fam. erc. (10. 2), L. 1. § 36, § 37. D. *depositi* (16. 3), L. 31.
§ 3. D. *de donat.* (39. 6), L. 4. pr. D. *de statulib.* (40. 7), L.
1. § 10. D. *de tab. exhib.* (43. 5), L. 5. D. *ad L. Jul. pecul.*
(48. 13).

(4) Laudat Cic. de divin. I. 16, de quo non est ut dicamus, et
Suet. verba, quibus paulo ante probari judicavit dotis apud Auspices
depositionem, vd. pag. 95 n. 1, *dote inter Auspices consignata.*
Sed voc. *dos* eodem loco non duplicem habere potest significationem,
rerum et *tabularum* dotalium! Ut mittam, nullam quoque mentionem fieri *depositionis*, aliaque *Glückii* opinioni adversantia,
Messalinae, de qua Suet. loquitur, tabulas non fuisse apud Auspices
depositas, satis liquet e Tac. Ann. XI. 30, 34.

(5) *Forner.* l. l.

apertorum, etiam in aede depositorum (1), plus uno exemplo. Cui suspicioni nescio an nonnihil momenti addat, quod saepe sermo est de conficiendis dotali*bus* in*strumentis*, plurali numero. Verum multo tamen magis commodo harum probationum usui prospectum fuisset, si donationum insinuandarum necessitas etiam ad dotes pertinuisset, ut ita privata illa scriptura, saltem si dos certam superaret quantitatem, insinuatione debuisset publica evadere. Non multum dubito quin utilitatis cogitatio saepe homines sponte adduxerit ad instrumentorum dotalium insinuationem (2), verum nec necessitatis nec consuetudinis ullum reperimus vestigium (3). Cujus silentii quominus vim debilitemus, aliunde quippe docentes, tamen videri necessariam fuisse dotis insinuationem, prohibet disertum Thalelaei, Justiniani aequalis, doctissimi juris interpretis (4), testimonium: »Quoties dos »datur, cujuscumque quantitatis sit, non indigemus »monumentorum (i. e. actorum) confectione: nam in »donatione tantum necessaria est confectio monumento-»rum'' (5).

---

(1) L. 4. § 3, L. 5. D. *fam. erc.* (10. 2).

(2) Cf. § seq.

(3) Nisi huc referas initium Legis 31. C. *de jure dot.* (5. 12): »Cum quidam dotes pro mulieribus dabant, sive matres sive alii » cognati, sive extranei: recte quidem eas mariti sine monumentorum »(i. e. actorum) observatione recipiebant.'' Verum nobis hic sermo esse videtur, non de dotis marito dationis, sed de donationis per eam dationem in mulierem factae, insinuatione: quod haecce donatio non insinuata est, marito, quippe qui non est ipse donatarius, non nocet. Cff. Theodorus et Thalelaeus ad h. l. (Basil. Tom. IV. pag. 657). Alioquin locum acciperes tamquam *exceptionem* a dotis insinuandae necessitate, e qua idcirco *regula* contraria eluceret.

(4) Vd. de Thalelaeo *C. G. E. Heimbach*, op. 1. Cap. 3. § 3.

(5) Initium commentarii ad laud. L. 31. C. *de jure dot.* (5. 12), in Basil. Tom. IV. pag. 657.

§ 2.

De instrumentis donationis ante (propter) nuptias.

Peculiare inter vivos donationum genus, ab Impp. demum Christianis introductum (1), quod ante nuptias vocatur, et tacitam in se conditionem habet, ut tunc ratum sit, cum matrimonium fuerit sequutum (2), (quo nomine differt a sponsalitia largitate, statim effectum habente (3),) ab ipsius inde origine, saltem si certam excederet summam, insinuari debuit (4), ut reliquae omnes, post Constantini aetatem (5), donationes: donec Justinianus constituit, ut hae maritorum donationes proprium essent contractuum genus, eamque necessitatem sustulit (6), sed ut triennio post eandem reduceret. Istiusmodi donationis instrumenta adhibebantur etiam ad probandum matrimonium (7); quin hunc ipsum in finem Imperatorem ejus in publicis actis insertionem revocasse, ex illius verbis palam est. »Ipsa'', ait, »rerum experientia invenientes, »necessarium esse mulieribus, ut actis donationes ante »nuptias insinuentur, quo, amissis licet instrumentis

---

(1) Vd. § 3 J. *de donat.* (2. 7) ibique *Vinnius*, et *Zimmern*, op. l. I. 2. § 163.

(2) § 3. J. *laud.*

(3) Vd. *Zimmern*, l. l.

(4) L. 1, L. 3. (cf. tamen *Zimmern*, l. l.), L. 8. (ubi vd. *Wenck*), C. Th. *de sponsalib.* rel. (3. 5), L. 17. C. *de donat. ante nupt.* (5. 3).

(5) Constantium Chlorum donationum necessario insinuandarum auctorem existimat *Wenck* ad L. 1. C. Th. *de sponsal.* rel. (3. 5), quem sequitur *Buchholtz*, ad Vat. Fragm. § 249. p. 190; Constantino Magno eam necessitatem tribuit *Gothofr.* ad laud. L. 1. C. Th. et L. 1. C. Th. *de donat.* (8. 12), qui assentientem habet *Klinkhamer*, disp. laud. p. 157.

(6) Nov. 119. C. 1.

(7) L. 3. C. Th. *de nupt.* (3. 7), L. 3. C. *eod.* (5. 4), Nov. 74. C. 4. § 1, § 2. in fine.

» principalibus, ex actis *probatio matrimonii* illis in promptu » sit: sancimus, ut ipsis viris, vel qui donationem ante » nuptias vel propter nuptias pro his scribant, si 500 » solidorum quantitatem excedat, eam actis confectis in- » sinuare necesse sit", rel. (I). Ejusmodi insinuatio quo- modo et apud quos fieret, supra jam indicavimus (2). Quanta vero hujus instrumenti, prouti vel aliquamdiu ante nuptias, vel ipso nuptiarum die, vel contracto ma- trimonio (3), esset confectum, vis fuerit ad probandum conjugum consensum, animum maritalem, propositi con- summationem, et hujus consummationis tempus, facile ex iis, quae de instrumentis dotalibus disputata sunt, in- telligitur.

Quodsi haec instrumenta matrimonii probandi causa fuerint insinuanda, quamvis in hunc finem non conficc- rentur, eo magis miramur idem non necessarium fuisse in tabulis, matrimonii non minus, quam conventionum pecuniariarum, probandi causa, conscribi solitis, quin eo ipso consilio lege subinde imperatis. Uti mulieris in- tererat, ut, amissis donationis instrumentis, alia ex actis superesset probatio, ita non minus et ipsius et mariti et liberorum intererat, ut, perditis tabulis dotalibus, ma- trimonium ex earum in actis insinuato exemplo posset probari. Accedit, quod non tantum natura et opportuni- tate, sed, jure certe novissimo, nomine quoque et sub- stantia nihil distat a dote ante (propter) nuptias dona- tio (4), verum aequis passibus utraque ambulat (5), quod-

---

(1) Nov. 127. C. 2.

(2) Vd. pag. 17. Accuratissime modum praescribunt L. 1. C. Th. *de donat.* (8. 12) et Fragm. Vat. § 249.

(3) Et insinuationem enim et constitutionem donationis constante matrimonio permisit Justinianus in L. 20. C. *de donat. ante nupt.* (5. 3) et § 3. J. *de donat.* (2. 7).

(4) Sunt ipsa Imperatoris verba in L. 20. pr. C. *de donat. ante nupt.* (5. 3).

(5) Sunt ejusdem verba ibid.

que Justinianus majorem adeo instrumentis dotalibus,
quam publicis apud Ecclesiae Defensorem professionibus
tribuit auctoritatem (1).   Quod autem superiore § suspicati sumus, homines saepe proprio motu instrumenta
nuptialia insinuasse, id fortasse tunc imprimis locum
habuit, quando dos et donatio ante nuptias eodem instrumento comprehenderentur, quae conjunctio haud insolita
fuisse videtur (2).   Etenim, ut supra vidimus (3) et multa
nos docent exempla (4), solebant Romani integra insinuare
instrumenta, nisi ipsa deponerentur.

§ 3.

De Libello rerum paraphernalium.

Instrumentis pecuniariis, quibus matrimonium probatum
esse, duabus superioribus §§ vidimus, non possum, quin
subjungam mentionem tertii ejusdem generis instrumenti,
quod eodem tempore conficiebatur, et, quum pariter non
caderet, nisi in justum matrimonium, fortasse nonnumquam ad hoc probandum, deficientibus instrumentis dotalibus, adhibitum est.   Scilicet haec refert Ulpianus:
»Rerum paraphernalium libellus marito Romae vulgo dari
»videmus: nam mulier res, quas solet in usu habere in domo
»mariti, neque in dotem dat, in libellum solet conferre,
»eumque libellum offerre marito, ut is subscribat, quasi
»res acceperit; et velut chirographum ejus uxor retinet,
»res, quae libello continentur, in domum ejus intu-
»lisse'' (5).   Quod Ulpiani aetate moris fuit, id aevo Jus-

---

(1) Vide supra p. 83.
(2) L. 20. C. *de donat. ante nupt.* (5. 3), L. 29. in f. C. *de jure dot.* (5. 12), L. 2. C. *de dote cauta* rel. (5. 15), saepius.
(3) Vd. supra p. 17.
(4) Vd. *Spangenb.* Tabb. negot. *passim.*
(5) Ulp. in L. 9. § 3. D. *de jure dot.* (23. 3).   Cf. *Brisson.* de form. VI. 130.

tinianeo adhuc in usu fuisse, ex fragmenti in Pandectis receptione conjicias, quamquam haud raro quoque illa propria uxoris bona in ipso instrumento dotali perscripta videntur (1). Quatenus autem istiusmodi libello affectio maritalis, conjugum consensus, matrimonii consummatio, ejusque ineundi tempus indicari potuerit, hic non inquiremus, ne solummodo repetamus, quae de tabulis nuptialibus jam dicta sunt. Hoc unice animadvertamus, libellum istum, ut instrumentum donationis ante nuptias, uxori fuisse matrimonii documentum, quemadmodum tabulae dotales marito (2).

§ 4.

De instrumento in quo quis filius est nominatus.

Ut aliquis se legitime natum demonstraret, praeter ortum suum, parentum justum, quo tempore conceptus esset, matrimonium probare debebat. Haec probatio, quae regulariter instrumentis fiebat dotalibus, eo difficilior erat, deficientibus illis instrumentis, quo communior erat eorum usus. Ut autem eam hoc casu faciliorem redderet, (3) Justinianus, ubi matrimonium consistere posset, hoc semper, numquam concubinatum, praesumens, sequentem

---

(1) L. 11. C. *de pactis conventis* rel. (5. 14).

(2) Tabulas nuptiales marito fuisse traditas, non mansisse penes dotantem, cum aliunde satis confici potest, tum patet e nummo, quem laudat *Grupen* op. l. pag. 131. cf. pag. 193.

(3) Fortasse Justinianus partim quoque patribus naturalibus facillimam, citra legitimationem, praebere voluit viam concubinatus vitium reparandi liberisque jura legitimorum procurandi. Legitimatio enim semper aliquam parum honorificam, maxime uxori et liberis, in se continebat confessionem. Fiebat tamen haec reparatio proprie in fraudem legis. Minus recte compluribus videri Justinianum hic novum legitimationis modum introduxisse, bene docet *G. Jordens*, de legitimat. disp. I. Cap. 5. § 1, 2, in *Fellenbergii* op. l. Vol. II. pag. 553, sq.

legem promulgavit. »Sancire nobis visum est," ait, »si
»quis filium, vel filiam ex libera uxore, cum qua matri-
»monium consistere potest, suscepit, et in instrumento
»sive publico, sive privata manu conscripto et subscrip-
»tionem trium testium fide dignorum habente, vel in tes-
»tamento, vel ad acta, illum vel illam filium suum vel
»filiam esse dicat, nec addat, naturalem: ut liberi illi
»legitimi sint, neque ab ipsis ulla alia probatio exigatur,
»sed omnibus juribus fruantur, quae legitimis liberis le-
»ges nostrae praebent: quippe cum illorum pater eos, ut
»dictum est, liberos suos vocet. Exinde enim eum etiam
»cum matre eorum legitimum matrimonium habuisse pro-
»batur, ut neque ab illa ad matrimonii fidem ulla alia
»probatio requiratur. Si vero pater, cum multos habeat
»ex eadem muliere liberos, uni ex illis quocunque ex
»praedictis modo testimonium praebuerit, reliquis etiam
»ex eadem muliere natis ad jura legitimorum, uni a patre
»datum testimonium sufficiat." (1).

Quamvis Imperator non diserte hoc dicat, ex totius
tamen legis tenore apparere videtur, ipsius sententiam
non esse, ad probationem legitimi ortus sufficere, ut quis
in instrumento, v. c. donationis, dicat se tot aureos do-
nare Titio filio suo, sed specialem eum requirere declarationem, hunc ipsum in finem conceptam (2). Quis
alioquin definiret, annon fortasse amicitiae aut honoris
causa, ut supra jam monuimus, talis appellatio adjecta
esset (3)? Ejusmodi autem declaratio non minus quatuor
modis fieri poterat, sed solennitatem tamen et scripturam
requirebat, ita ut v. c. sola nuncupatio coram testibus (4) aut epistola non sufficeret. Simplex *apud acta*

---

(1) Nov. 117. Cap. 2.
(2) *Εἴ τις εἴποι — τοῦτον ἢ ταύτην υἱὸν αὐτοῦ εἶναι.* Ita
egunt etiam vetus interpres et Harmenop. V. 8. 85.
(3) Vd. supra p. 42.
(4) Itaque hic genus non per quinque testes probari potest. Vd.
Basil. Tom. II. p. 520. et conf. infra P. II. C. 1. § 3.

alicujus magistratus, eorum conficiendorum jus habentis, declaratio et hujus in illa insinuatio (1), testibus non advocatis (2), sufficiunt, quemadmodum vidimus emancipationem aetate Justinianea fieri potuisse (3). Fieri potest etiam *in testamento*, quod instrumentum post aperturam et necessariam insinuationem publicum fiebat, eodem, quo alterum, loco exstans (4). Porro adhiberi potest *instrumentum publicum* sive forense (ἀγοϱαῖον), id est, a tabellione conscriptum, adhibitis non minus quam tribus testibus fide dignis (5), qui produci etiam debebant, ubi instrumentum in judicio proferretur, uti colligere licet ex Zenonis (?) Constitutione in Basilicis obvia (6). Denique *privata* sufficit *scripta testatio*, totidem testibus, similiter producendis, adhibitis. Tale instrumentum cum liberis tum eorum matri sufficit ad plenissimam matrimonii probationem: nec quidquam proficit, licet quis eviden-

---

(1) Vd. supra p. 17.

(2) Nam hic valet regula quam supra posuimus p. 32. n². 3.

(3) — »Simpliciter dicentes: NUNC EMANCIPO MEAQUE MANU EMITTO." Theoph. Paraphr. § 6. J. *quib. mod. jus p. p. solv.* (1. 12), pag. 132. ed. R.

(4) Paul. IV. 6, Titt. D. et C. *quemadm. testam. aper.* (29. 3; 6. 32). Si ab initio testamentum apud acta publicatum esset (vd. *Savigny*, Gesch. d. R. R., Tom. I. p. 82-84), quamvis ipsa materia, in qua primum a testatore scriptum relictum esset, casu (qui probandus erat) intercidisset, illius fidem nihilo minus valere rescribit Alexander Severus in L. 2. C. *de test. et quemadm. ordin.* (6. 23). Alexandri aetate insinuationem negotiorum privatorum in acta jam usitatam fuisse, novimus etiam e L. 12. C. *de pactis* (2. 3) et nunc plenius ex Fragm. Vat. § 266 et 268.

(5) Quomodo tabelliones instrumenta perficere et complere (hoc quid sit, exponit *Spangenb.* Tab. neg. p. 36, sqq.) debeant, accurate praecipiunt Novv. 44 et 73. C. 5. Cf. *Spangenb.* op. l. pag. 51, sq.

(6) Basil. l. l. Eam constitutionem ita intelligendam esse, ut sufficiant tres testes, qui in instrumento contineantur, non, ut quidam putarunt, ut praeter testes in instrumento adhibitos, alii tres extrinsecus testes exigantur, monet ad eam Schol. (Basil. II. pag. 573.). Cf. infra l. l.

tissimis probationibus demonstret, mulierem non uxoris, sed concubinae loco habitam fuisse, quin ne ipse quidem maritus postea declarationis veritatem poterit infitiari (1). Quam declarationis potestatem ne miremur, animadvertere liceat, omne discrimen inter concubinatum et justum matrimonium positum fuisse in affectione, cujus solus quasi dispensator erat maritus, ita ut si ipse declararet se ea ductum fuisse, difficillime alius posset probare illum intus non ita sensisse. Unde etiam explicandum arbitror, quod soli marito ea declarandi potestas conceditur: quid enim mulieris de viri animo declaratio valere potuisset?

Sed ejusmodi instrumentum sufficit tantum ad plenam *legitimi liberorum ortus* sive patris *affectionis maritalis* probationem, et varia habet requisita. Qui declarat, vere eorum, quos filios suos nuncupat, pater esse debet; mulier, quae eorum mater fertur, debet esse libera; nec cognatione aliove legis impedimento, quominus declarantis cum ipsa consistat matrimonium, impedita; liberorum, ut ille pater, ita haec mater esse debet. Haec omnia quum non sint in declarantis potestate, ejus nuda de his asseveratio contrariam probationem omnino admittit (2).

Tempus initi matrimonii e tali declaratione neutiquam potuisse cognosci, sponte intelligitur, quum in ea nec mentio illius fieret, et huic probationi locus tantum esset, liberis, in quorum favorem primario loco admissa fuit, jam procreatis.

---

(1) Haec, nisi fallor, docent Imperatoris verba. Aliter tamen *Jordens*, l. l., qui contrariam probationem admitti existimat.

(2) Hinc apparet, praesentem Constitutionem non derogare Legi 5. C. *de testam. et quemadm. ord.* (5. 23), uti supra Cap. I. Sect. 2. § 3, jam animadvertimus, nec magis Legi 14. C. *de probat.* (4. 19).

§ 5.

De sacerdotalibus circa matrimonium annotationibus.

Cum antiquitus, tum receptâ religione Christianâ, nuptiis Romanorum ineundis frequenter adhibiti sunt variorum sacrorum sacerdotes. Haec paulo accuratius demonstranda sunt, ut videamus, num forte et hic usus matrimoniis probandis inservire potuerit.

In Confarreatione nubentes per Pontificem Maximum et Flaminem Dialem conjunctos esse, quod Servius ad Virgilium refert, (1), verisimilitudine haud caret (2). Quod vero *Grupenus* existimat (3), non in sola Confarreatione, sed in quibusvis nuptiis sacerdotes illos conjunxisse nubentes (4), quin per Flaminicam quoque Dialem aut virginem Vestalem hanc conjunctionem factam esse (5), hoc parum validis doceri videtur argumentis. Quodsi quis reputet, Pontificibus non tantum aliquam de quaestioni-

----

(1) Ad Georg. I. 31.

(2) Vd. *Grupen*, de uxore Rom. p. 130, sqq. et 194. Pontificem nubentes conjunxisse, existimat etiam *Zimmern*, op. l. I. 2. § 127, pag. 835.

(3) *Grupen*, op. l. pag. 131 et 192.

(4) Nimirum, quod Trebellius Pollio narrat, Gallienum Imp. fratrum suorum filios conjugasse sponsorumque manus junxisse, pag. 180. A. Etiamsi largiamur Principem hoc non tamquam patruum, sed ut Pontificem Max. fecisse, e Trebellio nec, confarreationem, cujus ut propriam memorat Servius manuum per Pontificem junctionem, non esse celebratam, neque, Gallienum sponsos jungere solitum esse, apparet. Opinionem istam tacite improbat etiam *Zimmern*, l. l.

(5) Nempe *Grupenus* l. l. ex duobus nummis, in quibus sponsus et sponsa junguntur a muliere velata, hoc conficit. Sed, etiamsi recte ille imagines istas muliebres interpretetur (nam alii eas deas esse putant), quum a nemine veterum hoc memoretur et in solis Imperatorum eorumdemque Pontificum Maximorum nummis occurrat, quaerere fortasse licet, annon illud in solius Pontificis Maximi nuptiis solennibus locum haberet.

bus matrimonialibus cognitionem (1), sed summam etiam
sacrorum privatorum curam atque custodiam (2) fuisse,
maximam autem in haec sacra vim habuisse ut reliquam
omnem in manum conventionem (3), sic quoque confarreationem, cujus praeterea cum sacris publicis haud
exigua erat necessitudo (4), non magnopere, opinor, dubitabit, quin Pontifices, si non omnes in manum conventio-
nes, eas certe, quarum ipsi fuissent auctores, memoriae
prodiderint, quemadmodum vidimus eos de Arrogationibus
fecisse (5). Atque hoc eo facilius facere potuerunt, quod,
quamcumque communis initio fuerit (6), confarreatio jam
Ciceronis aetate raro observata videtur (7).

„Nihil fere quondam majoris rei'', ait Cicero, „nisi
„auspicato, ne privatim quidem gerebatur: quod etiam nunc
„nuptiarum Auspices declarant, qui, re omissa, nomen
„tantum tenent'' (8). Hoc de sua aetate refert Valerius
Maximus (9). Atque idem per plura deinceps saecula (10),
quin ne introducta quidem religione Christiana, observari
plane desiit (11). Itaque, auspiciis licet plerumque omis-

---

(1) Vd. *de Bas*, disp. 1, pag. 45, sqq.
(2) Cic. de Leg. II. 19—21, pro domo c. 51.
(3) Vd. *de Bas*, l. l. pag. 31—41.
(4) Cic. pro domo c. 14, Dion. Hal. II. 25, Tac. Ann. IV. 16,
53, Gell. I. 12.
(5) Vd. supra pag. 48.
(6) Sunt enim, qui judicent confarreationem Patriciis aut solis sacerdotibus propriam fuisse, vd. *Zimmern*, op. l. I. 2. § 227. n3c.
2, 17, 18, 19.
(7) Vd. *de Bas*, l. l. pag. 38, cf. *Zimmern*, l. l. pag. 836.
(8) Cic. de Divin. I. 16.
(9) Val. Max. II. 1. § 3.
(10) Vd. testimoniorum segetem apud *Brisson.*, de R. N. pag. 306,
sqq., *Dempster*, l. l. pag. 431.
(11) Symmachi, qui ex. saec. IV. floruit, Epist. III. 44, IV. 14,
VI. 3, X. 6. Cff. inprimis querelae de auspiciis, cum aliis, tum
matrimoniorum, in libro de Castitate, qui Sixti III, Papae Rom.
(432—440), nomine fertur, in Bibl. Patrum Tom. VII. pag. 833,
sq., ed. *Lugdun*.

sis, Auspices nuptiis contrahendis interesse (1), fortasse nubentes ethnicos etiam copulare (2), atque tabulas nuptiales conscribere (3) perrexerunt. Multorum igitur matrimoniorum contractorum scientiam habebant. Verum, an ea etiam in quosdam Collegii sui commentarios redigere consueverint, affirmare non ausim. Nam Auspicibus non eadem erat, atque Pontificibus, ratio singulas auspicationes, privatas quoque, memoriae prodendi, quum non sacrorum aliqua custodia aut de iisdem jurisdictio ipsis commissa videatur. Memorant quidem Cicero (4) aliique *Auguralium libros* (5); verum iis, ut Pontificum *libris* (6), non Collegii res gestae, sed eorum disciplina, ut e plerisque locis manifesto apparet, continebatur. Et Plutarchus narrat quidem Tiberium Gracchum incidisse aliquando in ὑπομνήμασι ἱερατικοῖς, in Auspicalibus *Commentariis* (7); sed Auspicum *jus* ac *disciplinam* his quoque comprehensum fuisse, patet ex iis, quae Tiberius ibi legisse dicitur (8). Quodsi tamen quis contendat, sacerdotum disciplinam quodammodo etiam cognosci ex ipsorum rebus gestis, atque idcirco duo potius distinguenda esse Auspicalium librorum genera, quorum alterum, reconditum (9), Collegii *jus*, alterum, aliorum oculis non substractum (10), ejus *juris usum* sive Collegii res gestas contineret, me non omnino habebit refragantem.

---

(1) Vd. supra pag 90. nª. 4. Add. v. c. Val. Max. l. l.: » *nuptiis* » Auspices *interponunt*."

(2) Vd. Claudian. Epist. II, ad Serenam vs. 51, Lucan. Pharsal. vs. 371.

(3) Vd. supra pag. 94.

(4) Cic. de Leg. II. 13, pro domo c. 15.

(5) Vd. *Bulenger*. de Augur. et Auspic. II. Cap. ult. (Thes. Graev. Tom. V. pag. 431. B.).

(6) Vd. supra pag. 48, nª. 1.

(7) Plut. Marcell. c. 5.

(8) Val. Max., idem referens, atque Plutarchus, eos commentarios vocat, *libros ad sacra populi pertinentes*, I. 1. 3.

(9) V. c. Cic. ll. ll.

(10) V. c. Plut., Val. Max., ll. ll.

Clericorum in nuptiis interventûs jam Sectione superiore fecimus mentionem (1). Hos, si minus Saec. I° aut II° (2), saltem jam tertio matrimoniis ineundis adhibitos esse, ex Tertulliani aliorumque Patrum apparet testimoniis. Quamvis enim matrimonia, sine illorum interventu inita, jure civili, etiam Justinianeo (3), omnino valerent, Clerus tamen ea rata non habebat et conjuges poenis ecclesiasticis mulctabat, nisi sacrorum ministri de conditione essent consulti eamque approbassent (4), et, praeter alia solennia, accessisset benedictio, quae matrimonium *obsignare* dicebatur (5). Sed videntur haec omnia privatim, domi, ut antea, gesta esse (6). Clericos etiam tabulis nuptialibus subscripsisse, jam hujus Cap. § 1 monuimus (7). Optime igitur illi matrimonia, quae ab Ecclesia rata habebantur, noverant. Quodsi quaeramus, an ea scripto quoque mandaverint, cogitantibus nobis, quantam illi matrimoniorum curam habuerint, quam mature jam fratrum nomina in varias tabulas redegisse videantur (8), et quam etiam negotiis plane saecularibus annotandis et perscribendis

---

(1) Vd. supra pag. 80.

(2) De antiquissimis, Ignatii et Evaristi, testimoniis, a *Boehmero* inprimis, Jur. Eccles. Prot., Tom. III. pag. 1266, in dubium vocatis, vd. *Augusti*, op. l. Vol. IX. pag. 242 et 287, et pag. 298.

(3) Vd. supra pag. 80.

(4) Tertull. de pudicitia c. 4, hoc vocat, *profitere matrimonia:* »occultae," ait, »conjunctiones, id est, non prius apud ecclesiam »professae, juxta moechiam et fornicationem judicari periclitantur."

(5) Vide loca huc pertinentia apud *Gothofr.* ad L. 3 C. Th. *de nupt.* (3. 7), *Bingham*, op. l. Vol. IX. pag. 334, sqq., *Boehmer.* op. l. IV. 3, Tom. III. pag. 1265—1278, *Glück*, op. l. Vol. XXIV. pag. 336, sqq, *Walter*, op. l. pag. 509, sqq., alios, inpr. *Augusti*, l. l. pag. 286—300, qui recte nobis, contra *Boehmer.* l. l., judicare videtur, eam benedictionem fuisse necessariam nec pertinuisse ad sponsalia, et, contra *Gothofr.* l. l., eam non fuisse ecclesiae Africanae propriam.

(6) Vd. *J. Gothofred. l. l.* Cf. tamen *Augusti* l. l. pag. 291.

(7) Vd. supra pag. 95.

(8) Vd. *Augusti*, op. l. Vol. XII. pag. 308, 309.

vacarint (1), non plane veri dissimile videtur, saepe a sacerdotibus habitas inque ecclesiae Archium depositas esse matrimoniorum recensiones. Sed quum hujus usus desideremus testimonia, harumque rerum plane simus imperiti, nolumus quidquam nostrae tribuere opinioni (2).

Ponamus omnes hasce annotationes adfuisse: quae fuit earum singularum in matrimoniis, ibi comprehensis, coram judice probandis usus atque utilitas? Ad has quaestiones eo brevius respondebimus, quod hic universe ultra conjecturas, nobis certe, escendere non licet.

Quum multae quaestiones civiles a Pontificibus fuerint decidendae, arcta juri Pontificio cum privato intercesserit necessitudo, et illorum in nuptiis interventus permagnum in jura civilia habuerit effectum, praeterea vero ipsorum de arrogationibus monumenta cuiquam patuisse videantur (3), verisimile arbitramur, eorumdem de matrimoniis quoque, si fuerint, adnotationes civibus apertas fuisse.

Multo minorem aut potius nullam Auspicum in nuptiis praesentia vim habuit in conjugum jura privata. Unde, si vel illi matrimonia, quibus interfuissent, scripto mandare consueverint, hoc auspiciorum potius, quam jurium privatorum, et sui Collegiique magis, quam aliorum causa fecisse videntur.

Sacerdotum denique Christianorum in nuptiis interventus institutum erat mere ecclesiasticum atque idcirco in jura civilia nullam habebat efficaciam (4). Si Clerici

---

(1) Vd. supra pag. 17.

(2) De industria hac de re egit *A. J. Binterim*, in Comment. de libris baptizatorum, conjugatorum et defunctorum antiquis et novis, de eorum fatis et hodierno usu, Düsseld. 1816; sed hic liber mihi nondum in promtu est.

(3) Vd. supra pag. 48.

(4) Justinianus quidem in L. 24. C. *de nupt.* (5. 4) dicit, si in aliquo pacto *nuptiarum* conditio adjecta sit, hanc conditionem non impletam censeri, *nisi ipsa accedat festivitas;* nec tempus esse inspiciendum, quo ad nuptiarum aetatem perventum sit, sed *ex quo*

matrimonia quae copulassent, in tabulas (diptychas) subinde redegerint, fecerunt hoc in suum sive Ecclesiae
commodum, ut tenerent, quibus matrimoniis Ecclesia jura
quaedam concederet, quinam conjuges suis praeceptis ob-
temperassent, nec indignationem et censuras ecclesiasticas
incurrissent. Non verisimile igitur videtur, propriorum
illorum privatorumque Cleri monumentorum, quae praeterea fortasse non nisi copulatorum nomina continerent,
aliquam in foro civili fuisse utilitatem; unde, si fuerint,
Codicis certe Theodosiani et Corporis Juris de iis silentium
non miramur.

Atque ex eadem Clericorum in nuptiis interventus ratione, fortasse etiam explicandum est, quod Justinianus
acta matrimonialia ab Ecclesiae ministris conficienda prae-
cipiens, non eos Clericos adiri jubet, qui, etiamsi institutum ecclesiasticum ipsius aetate non admodum generaliter observaretur (1), nuptiis adhibebantur, sed illos,
qui quasi Clerici erant saeculares, Clericorum jura in
foro civili prosequebantur (2).

§ 6.

De aliis quibusdam justarum nuptiarum indiciis.

„Non interpositis instrumentis", aiunt Diocletianus et
Maximinianus, „jure contractum matrimonium, irritum

---

vota nuptiarum revera processerint. Verum non ita haec sunt intelligenda, quasi Imperator voluerit, tali conditioni non satisfieri,
nisi *cum festivitate et votis* nuptiae celebrentur; sed hoc tantum
significat, conditionem non *tempus* nuptiarum, sed ipsas *nuptias*
requirere. Quae quum celebrari solerent cum festivitate et votis,
haec solennia, non quasi necessaria, sed ut nuptiarum vulgo indicia nuncupat. Quod plane confirmatur Basil. Tom. IV. pag. 249. Cf. omnino L. 15. D. *de cond. et dem.* (35. 1), Symm., *ethnia*, Ep. X. 5, 6.

(1) Id colligi videtur ex Nov. 74. C. 4.
(2) Vd. supra pag. 80.

»non est: cum, amissa (1) quoque scriptura, *caetera* »*nuptiarum indicia non sint irrita*" (2). Ex his, praeter tabulas nuptiales, indiciis jam unum alterumque recensuimus, et alia quaedam infra recensebimus, nonnulla etiam hic opportune commemorari videntur.

Exstant hodieque Imperatorum nonnullorum nummi, in memoriam suarum nuptiarum cusi conjugumque imaginibus atque nominibus, tempore tamen omisso, insigniti (3). Hoc non solis Principibus proprium fuisse, sed inter privatos quoque, Symmachi (ex. Saec. IV) certe aetate, numisma, mariti et uxoris vultibus signatum, amicis, cum qui nuptiis interfuissent, tum absentibus dari consuevisse, ex quadam illius epistola existimat *Dempsterus*, quamquam hoc mihi haud plane dubio carere videtur (4). Monumenta etiam in nuptiarum memoriam erecta videntur, rei opportunitatem, conjugum nomina, alia, inscriptione continentia (5). Ejusmodi autem indiciorum, maxime si nuptiarum diem continerent, aliis temporis lapsu deficientibus probationibus, non exigua poterat esse auctoritas.

Praeterea, ne credamus, matrimonia Romanorum paucis saepe cognitas fuisse, non hoc negligendum est, justas

---

(1) Ita sine dubio legendum propter Basil. Tom. IV. pag. 248, ἀπολλυμένου τοῦ συμβολαίου. Editiones, etiam *Spangenb.*, habent *omissa*.

(2) L. 13. C. *de nupt.* (5. 4).

(3) Vd. *Grupen.* op. 1. pag. 131.

(4) Symm. Epist. IV. 55: »Non eadem tamen facilitate purga»bis, quod filii nostri nuptias aliorum potius relatu, quam literis »tuis comperi. An veritus es, ne *a te numisma* (auro) *cusum* »desiderarem? Potui jacturam sportulae facere." *Dempsterus*, op. l. p. 433, non loquitur quidem de numismate absentibus quoque mittendo, sed si recte laudatum locum capiat, hoc sequitur e Symmachi Epistt. III. 24, IV. 14, IX. 93, 106, 1u7. Sed nescio, utrum verba *a te* recte trahat ad v. *cusum*, nec potius illa pertineant ad *desiderarem*, maxime si recte addatur voc. *auro*.

(5) Exemplum vide apud *Grupen.* op. l. p. 205., cf. p. 192, sq.

nuptias, licet nec publice essent ineundae nec requirerent festa aut solennia, tanta plerumque ex more celebritate esse initas, ut permultis civibus innotescerent. Ut enim taceam, Imperatores Romanos matrimonia sua edicto subinde cum populo communicasse (1), mulieris ille transitus in domum maritalem, qui matrimonii erat initium, magna pompa fieri solebat. Praeeuntibus musicis et facibus, et magna turba sequente, sponsa, proprio ornatu, variis adhibitis ritibus et solennibus, ad maritum deducebatur. Praeterea nuptiae magna celebrari solebant coena, cui propinqui, amici, patroni, fautores, ipsi subinde Principes adhibebantur, quaeque postridie repetebatur (2). Non conviviis tantum, non universo Senatui, sed magno quoque plebis numero sportulae, ut in aliis solennibus officiis, ita praesertim quoque in nuptiis, cum Romae tum in provinciis, dari solebant (3). Hinc apud Tacitum, qui ipse civitatem Romanam omnium gnaram et nihil reticentem vocat (4), Narcissus, Claudium de Messalinae cum adultero nuptiis certiorem reddens: »matrimonium Silii'', inquit, »vidit »populus et Senatus et miles'' (5); et Quintilianus: »Vis »scire'', ait, »quid sint nuptiae? Adspice illam virginem, »quam pater tradidit, euntem die celebri, comitante »populo'' (6).

Nec libera tantum republicâ et primis sub Imperatoribus, haec solennis deductio et reliqua nuptiarum celebritas tam communis fuit, ut plerique homines opinarentur, eo gravissimo honoris maritalis et universe justarum nuptiarum indicio omisso, legitimum non existere

---

(1) Suet. Calig. 25.
(2) Vid. *Brisson.* Sel. Ant. I. 18 et de R. N. pag. 309, seqq., *Dempster.*, op. l. pag. 433 sqq., *Muller*, de genio, cet. aevi Theod. p. 92, sqq.
(3) Vid. inprimis Plin. Epist. X. 116, Appul. Apol. p. 575.
(4) Tac. Ann. XI. 27.
(5) Id. ib. 30.
(6) Quintil. Declam. CCCVI.

matrimonium. Theodosius et Valentinianus, »a Caligato
» milite usque ad Protectoris personam sine aliqua solenni-
» tate matrimoniorum liberam cum ingenuis duntaxat mu-
» lieribus contrahendi conjugii *permittunt* facultatem" (1).
Hic ipsi illi Impp. in reliquis matrimoniis aliquam certe
solennitatem requirere, certe ejus omissionem non expresse permittere velle videntur, rei, opinor, utilitate
commoti. Longius tamen in altera lege, cujus jam supra
fecimus mentionem, progrediuntur. »Si donationem ante
» nuptias", aiunt, » vel dotis instrumenta defuerint, pompa
» etiam aliaque nuptiarum celebritas omittatur: nullus
» existimet, ob id deesse recte alias inito matrimonio
» firmitatem, vel ex eo natis liberis jura posse legitimo-
» rum auferri, si inter pares honestate personas, nulla
» lege impediente, fiat consortium, quod ipsorum consensu
» atque amicorum fide confirmatur" (2). Etiam nunc amicorum (3) saltem in nuptiis praesentiam requirit et omnis
celebritatis omissionem concedit tantum paribus honestate
personis. Tandem Justinianus, quamquam nuptiarum fes-
tivitatem minime oderat, ut tamen concubinatui, sine
solennibus iniri solito, obviam iret, non tantum instrumentorum dotalium, sed omnis etiam solennitatis expresse
permisit omissionem, diserte constituens nudo affecto
nuptias posse contrahi (4). Quo autem haec non nova,
sed ab ipso Imperatore nunc promulgata doctrina duceret,
Justiniani verbis, quibus constitutionem illam, de professionibus apud Ecclesiae Defensores faciendis, exorditur,
docere lubet: »Illud quoque" ait, »ut decenter consti-
» tuamus melius esse arbitramur, quod ex multa rerum
» experientia accepimus. Multae enim et continuae lites,

(1) L. 21 C. *de nupt.* (5. 4.)
(2) L. 3. C. Th. *de nuptiis* (3. 7), ubi cf. *Gothofr.*
(3) Quamvis saepius testes *amici* vocentur vd. *Dirksen*, Versuche,
pag. 91. sqq., dubitamus tamen an hoc loco ea sit vocabuli vis.
(4) L. 23. § 7. C. *de nupt.* (5. 4), L. 11. pr. C. *de repud.*
(5. 17), Nov. 22. C. 3. et 18.

"ad Majestatem nostram delatae, ad necessitatem hujus
"legis nos adduxerunt. Nam quum antiquis legibus san-
"citum et a nobis ipsis idem quoque dispositum sit, ut
"nuptiae, etiam sine nuptialibus instrumentis, ex sola
"dispositione valeant et ratae sint, respublica exinde
"falsatis contractibus repleta est; et testes sine periculo
"accedunt mentientes: quod vir eam, quae illi cohabita-
"bat, dominam (1) vocaverit, illaque similiter eum ita
"appellaverit: atque hoc facto illis matrimonia fingun-
"tur, quae tamen revera non contracta fuerunt" (2).

II. *De testatione a Latinis Junianis matrimonio interponenda.*

Licet matrimonia juris gentium, ab iis, quibus jus connubii non esset, vel inter se, vel cum civibus inita, etiam jure Romano valerent, de iis tamen nobis non agendum est, quoniam non erant matrimonia Romana sive secundum leges Romanas inita (3). Sed una tamen illorum est species, cui leges Romanae formam probationesque praescripserunt; quamobrem de his probationibus nonnulla dicenda sunt.

Ut Latinus Junianus (4), ducta uxore vel cive Romana vel Latina coloniaria vel ejusdem conditionis cujus ipse esset, et nato filio filiave atque anniculo facto, posset hanc causam apud Praetorem vel Praesidem probare, et sic ex lege Aelia Sentia (5), ad civitatem perve-

---

(1) De uxoris appellatione *dominae*, cf. *Forner*. Select. I. 11. (Thes. *Otton*. Tom. II. pag. 118, sqq.).

(2) Nov. 74. C. 4. princ.

(3) Cf. *Glück*, op. l. Tom. XXIV. pag. 321.

(4) De his, non de Latinis ingenuis et coloniariis, Gajum I, 29 sqq. et Ulpianum III. 3. loqui, docet *Bethmann-Hollweg*, de causae probat. p. 25 et 47.

(5) Gajus I. 29 legem et Aeliam Sentiam nuncupat, et illam revera causae probationis jus minori xxx annorum manumisso dedisse, de-

nire liberosque in potestate habere, necesse ei fuit, ut, *adhibitis non minus quam septem testibus civibus Romanis puberibus testatus* sive *testatione interposita*, sᴇ ʟɪʙᴇʀᴏʀᴜᴍ ᴘʀᴏᴄʀᴇᴀɴᴅᴏʀᴜᴍ ᴄᴀᴜsᴀ ᴜxᴏʀᴇᴍ ᴅᴜᴄᴇʀᴇ, matrimonium iniisset (1). Hanc testationem in Actis debuisse fieri et jusjurandum a magistratu fuisse deferendum, existimavit olim *M. Vetranius Maurus* (2). Sed jam *Schultingius*, quamvis ex Ulpiano nosset tantum, *testationem esse interponendam*, quaesivit, ubinam hoc caveretur? cur non satis esset, id aperte et serio apud testes declarari, atque ita plane constare: majoris quoque cautionis gratia in scripturam redigi (3)? Et recte eum ita judicasse, nunc apparuit, postquam genuini Gaji Commentarii nos docuerunt, eam testationem *coram testibus* fuisse habendam. Nam si declaratio in actis magistratus fieri debuisset, plane supervacaneos fuisse testes, quum maritus affectum suum tantummodo declararet, et, eodem coram septem testibus declarato, non opus fuisse, ut etiam magistratus adiretur, quisque videt, quum praeterea, ut Ulpianus, ita Gajus de istiusmodi insinuatione silet (4). Testationem illam scripturâ non indiguisse ex laudato Gaji loco et alio ejusdem auctoris (5) manifestum est (6). Plerumque tamen eam in scripturam esse redactam, ita ut cum ipse testans

---

monstrat *Bethmann-Hollweg*, op. l. p. 75. Num vero ea lex hoc jus illi manumisso, tamquam *Latino*, concesserit, et quo jure Ulpianus III. 3 eam causae probationem legi Juniae plane adscribat, deinceps idem Vir Clar. inquirit pag. 76-100.

(1) Gaj. l. l. »idque testati fuerint, adhibitis non minus quam »septem testibus civibus Romanis puberibus." Ulp. l. l.: »testatione »interposita, quod liberorum quaerendorum causa uxorem duxerit."

(2) *M. Vetran. Maurus*, de jure liberor. c. 7.

(3) *Schulting.* ad Ulp. l. l. (Jus Antej. p. 575.)

(4) Cf. Clar. *van Assen*, in Adnot. ad. Inst. Gaji Comm. I. p. 26.

(5) L. 4. D, *de pignor. et hypoth.* (20. 1) = L. 4. D. *de fide instr.* (22. 4).

(6) Cf. *Schulting.* l. l.

tum testes subscriberent et consignarent (1), verisimile
mihi videtur, quum adeo communis hic mos Romanis
fuerit, ut vocabulum *testatio*, omissa licet scripturae
mentione, cum apud alios tum apud JCtos significare
soleat *scripturam testibus communitam* (2). Atque hujus
moris rationes, quae cum aliae videntur fuisse, tum ut
accuratius demonstraretur quid actum esset, ut testium nomina cognoscerentur, ut eorum memoriae succurreretur, et
prohiberentur iidem, quominus actui se interfuisse negarent
aut rem diffiterentur: has igitur non unice, ubi post longam annorum seriem testatio esset producenda, valuisse,
quisque videt.

Sed licet testatio scriptura esset comprehensa, non tamen in causa probanda sufficiebat, solum instrumentum
proferre, sed debebant etiam ipsi testes produci, coram
quibus testatio facta erat, cum ut instrumentum verum
esse, tum ut vera eo contineri docerent (3).

Eandem testatio de matrimonio continebat enunciationem
ac tabulae nuptiales. Eodem etiam tempore illam fuisse interponendam, nec suffecisse, ut modo aliquando, contracto
jam matrimonio, interposita esset, sed ipso uxoris du-
cendae tempore id faciendum fuisse, cum rei natura docet,
tum ex Gaji et Ulpiani verbis apparere videtur (4). Certe
debuerunt id testati esse ante filii conceptionem, ut hunc
legitime conceptum possent demonstrare.

Latinus autem hac testatione, licet ea contineretur,

(1) Paulus Sent. Rec. V. 25. 5, L. 1 pr., L. 9 § 3. D. *de L.
Corn. de fals.* (48. 10), L. 9 § 5. D. *de poenis* (48. 19).

(2) Ex. gr. Paulus, in L. 7 D. *de sponsal.* (23. 1). »In spon-
»salibus," ait, »nihil interest, utrum *testatio* interponatur an ali-
»quis *sine scriptura* spondeat." Plura vide apud *Brisson.* de V. S.
voce *testatio*, et in Miscell. defens. pro *Salmasio*, de variis Obss.
ad jus Att. et Rom. pag. 774, sqq.

(3) Cff. L. 5 C. *de probat.* (4. 19), L. 4 C. *de testibus* (4. 20).

(4) Impr. ex Ulp. verbis: — »uxorem duxerit, testatione inter-
»positâ." Itaque testatio interponenda erat, quando uxor *ducebatur.*

ipsum *liberorum quaerendorum causa* uxorem duxisse, non
probabat se justum contraxisse matrimonium (hoc enim
non poterat), sed iniisse se matrimonium juris gentium
forma legitimâ (1).

An cives Romani quoque istiusmodi testationes, in quibus
de dote et rebus ¡pecuniariis mentio non fiebat, confecerint, definire non audeo. Sed est tamen Gaji locus,
ubi tam generaliter de nuptiarum testationibus loquitur,
ut in suspicionem adducaris, eas non in solis Latinorum
Junianorum nuptiis esse adhibitas. In libro enim singulari *de Formula Hypothecaria*, etiam sine scriptura
hypothecam constitui posse docens, hanc addidit rationem :
»Fiunt enim de his scripturae, ut, quod actum est, per
»eas facilius probari possit : et sine his autem valet, quod
»actum est, si habeat probationem; *sicut et nuptiae sunt,*
»*licet testatio sine scriptis habita est*" (2). Quodsi cives
Romani etiam scriptas matrimoniorum testationes adhibue-
rint, id tunc locum habuisse opinor, ubi instrumenta
dotalia jam aliquamdiu ante nuptias essent confecta aut
dos non daretur. Sed quominus huic opinioni multum tribuere audeam, et de tali instrumento justis nuptiis adhibito
plura disseram, prohibet, quod Gajus loquitur de nuptiis,
non scriptâ quidem, sed verbali saltem testatione *indigen-
tibus* (3). Quae quum non requisita videatur ad legitimum civis Romani matrimonim (4), suspicor, eum
loquutum esse de *Latini Juniani* nuptiis et testatione
ab hoc necessario conficienda, Pandectarum autem compilatores illud additamentum omisisse propter sublatam
a Justiniano omnem libertatem Latinam (5). Cui suspi-

---

(1) Cf. *B-Hollweg*, op. l. pag. 91—94. Aliter tamen sentit *Gans*,
Scholien z. Gajus p. 73 sqq.

(2) L. 4 D. *de fide instr.* (22.4).

(3) Ita existimat etiam *Noodtius*, in Comm. ad Tit. Dig. *de ritu
nupt.* (23.2), Opp. Vol. II p. 486.

(4) Cf. supra p. 99 nª. 1, et p. 121, sq.

(5) L. un. C. *de Lat. lib. toll.* (7. 6).

cioni nescio an aliquantulum momenti addat, quod idem Gaji fragmentum alio Pandectarum loco, eodem quidem sensu, sed verbis paululum certe diversis exstat (1).

Multo tamen aliter sensit *Noodtius*, existimans quippe, paribus honestate personis licuisse solo consensu nuptias inire, imparibus vero necessariam fuisse hanc, de qua Gajus loquitur, testationem (2). Sed miramur viri summi argumenta, quibus eam necessitatem probare conatur. Nam primum adhibet aliquam Probi constitutionem (3), ubi manifesto non est sermo de testibus, qui *nuptiis ineundis* interfuerint, sed de vicinis aliisve, qui *matrimonii possessionem* sciant (4). Alterum provocat ad constitutionem Justinianeam, ubi Imperator ipsum contrarium statuit, quam *Noodtius* existimat (5).

III. *De Concubinatus Probationibus.*

De viri ac mulieris consortio, non omnium communicandorum, sed, absque affectione maritali sive pleno honore, solius consuetudinis gratia, inito, quod, jam antea

---

(1) In L. 4 D. *de pign. et hypoth.* (24. 1): »Sicut et nuptiae »sunt, licet testationes *in scriptis habitae non sunt.*'' Cff. Scholl. ad h. l., in Basil. Tom. III. p. 53 et 54.

(2) *Noodt.* l. l., cf. p. 537.

(3) L. 9 C. *de nupt.* (5. 4): »Si, vicinis vel aliis scientibus, »uxorem liberorum procr. gratia domi *habuisti*, et ex eo matrimo- »nio filia suscepta est, quamvis neque nuptiales tabulae, neque ad natam »filiam pertinentes factae sint, non ideo minus veritatem matrimonii »aut susceptae filiae suam habere potestatem.''

(4) Recte *Walter*, op. l. pag. 517: »Es konnte daher eine Ehe »durch dem blossen *Besitzstand* bewiesen werden.''

(5) L. 23 § 7. C. *eod.*: »Immo etiam illud *removendum* esse cen- »semus, quod in priscis legibus (licet obscurius) constitutum est: »ut matrimonia inter impares honestate personas contrahenda non »aliter quidem valeant, nisi dotalia instrumenta confecta fuerint;'' rel. Cf. supra p. 91 nᵗ. 7. *Noodtii* verba haec sunt: »inter dispares »sola cohabitatione sine testibus aut tabulis nuptias intelligi, non »siverunt veteres, *et vetat Justinianus* L. 23. § 7. C. h. t.

toleratum et legibus Augusteis confirmatum, Concubinatus vocatur, publico privatove instrumento nec constare debuisse, neque ex more constitisse, ex ipsius natura facile intelligitur. Nam quum nec illa conjunctio matrimonium, neque concubina uxor, neque vir maritus et liberorum pater esset, et, usque ad Justinianum (1), nulla cuiquam e concubinatu jura orirentur, neminis intererat ut de hoc constaret. Hinc concubinatui probando locus nobis fuisse non videtur, nisi alius *matrimonium* fuisse contenderet, aut jura hinc oriri solita vindicaret: quando etiam, si proprie loqui velimus, non probatur *concubinatus*, sed *non fuisse matrimonium.* Itaque vitae conjunctio in omni quaestione de concubinatu erat, ut ajunt, in confesso, et quaestio tantum vertebatur in dijudicanda ea conjunctione, utrum nimirum pleno honore an minus pleno mulier esset dilecta. Hoc egregie confirmant JCtorum atque Imperatorum loca, ubi de negato affirmatove in jure concubinatu sermo est, quorum unum alterumque jam supra excitatum est (2).

Quum igitur quaestio utrum concubinatus adfuisset, nec ne, in sola animi affectione, ex personis comparatis vitaeque conjunctione considerata, dijudicanda verteretur, apparet plane inutile et nullius momenti fuisse, ut, ubi concubinatus iniretur, hac de re aliquod conficeretur instrumentum. Nam quum mox sequuta esse posset affectio maritalis et sic statim exstitisset matrimonium, exigua aut potius nulla poterat esse istiusmodi instrumenti vis.

Erat tamen una quodammodo hujus rei exceptio. Nam non omnes mulieres impune concubinae haberi poterant. Qui muliere honestae vitae atque ingenua, absque pleno honore, sed ut concubina, utebatur, hic stuprum commit-

---

(1) Justinianus enim Nov. 18 C. 5 et Nov. 89 C. 12 liberis naturalibus permisit alimenta petere et patri ab intestato succedere, scil.: »si omnino indubitatus sit in domo affectus et filiorum ibidem proles.''

(2) Vd. supra pag. 96 et 122. Add. Paulus Sent. II. 20. 1 et in L. 4. D. *de concub.* (25. 7).

tebat: lex concubinatum tantum inter personas honestate
inaequales intelligens, atque ita permittens, ut eum non
puniret, mulierem ingenuam atque honestam praesume-
bat numquam concubinam, atque idcirco, nisi uxor esset,
eam stupratam judicabat virumque stupri poenâ plectebat.
Ut igitur hoc crimen non committeretur, opus erat (sine
dubio, in ipso concubinatus exordio) testatione, uti ex
hoc novimus Marciani JCti fragmento: »In concubina-
»tu", ait »potest esse et aliena liberta, et ingenua, et
»maxime ea, quae obscuro loco nata est, vel quaestum
»corpore fecit: alioquin, *si honestae vitae et ingenuam*
»mulierem in concubinatum habere maluerit, sine testati-
»one hoc palam faciente non conceditur; sed necesse est ei,
»vel uxorem habere, vel hoc recusantem stuprum cum ea
»committere" (1). Scio equidem *Noodtium* hunc locum
aliter interpretatum esse, quasi nimirum JCtus significa-
ret, »nemini concedi mulierem ingenuam honestae vitae
»domi continere consuetudinis causa sine testatione hoc
»manifestum faciente, *id est, sine matrimonio*" (2). Verum, quî haec explicatio verbis JCti consonare possit,
neque ego intelligo, nec Viri Docti intellexisse videntur (3).

Sed cujusnam et quali testatione opus est? An culpa

(1) L. 3 pr. D. *de concub.* (25. 7). Egregie hanc legem illus-
trant auctoris libri περὶ ἐναντιοφανιῶν (Photii, ut videtur *Heim-
bachio*, op. 1. Cap. 4. § 6. pag. 76. sqq), in Basilicis, Tom. IV.
pag. 264, ad fragmentum Modestini, supra pag. 91. nᵃ. 7. laud.,
verba: »— Sed fingendum est, testato dixisse se eam in concubi-
»natum habere, juxta ea quae dicuntur lib. 25. tit. 7. dig. 3. Nam
»qui testationem non interposuit, vel eam uxorem habet, vel hoc
»recusans stuprum committit:" rel.

(2) Comm. ad hunc Tit. in fine, Opp. Vol. II. pag. 537. *Perezii*,
in Comment. ad Tit. Cod. *de Concub.* (§. 26), sententiam, concubinatum ingenuae honestae plane damnatum, *et quaestuariae non
sine testatione permissum esse*, perstringit G. *Jordens* disp. laud.
in *Fellenbergii* op. 1. Vol. II. pag. 346.

(3) Vd. v. g. *Jordens*, l. l. *Zimmern*, op. 1. I. 2. pag. 487.
Manifesto *Noodtium* redarguit Schol. nᵛ. 1. laud.

híc vacare potest, qui palam et solenniter profitetur, se adversus legem facere? Mirum istiusmodi praeceptum dixeris. Nec tamen hoc adeo mirum sit, atque videtur. Etenim, quum lex talem viri cum muliere consuetudinem *stuprum* esse tantum *praesumeret*, fieri omnino poterat, ut poena cessaret, si quis statim testaretur, se, contra legis praesumtionem, mulierem non tam indigne habiturum, sed in consuetudine honestiore, quae per ipsas leges nomen assumserat (1), cum ea victurum. Itaque opinor, a *viro* testationem fuisse interponendam: se scil. mulierem concubinatus (non stupri) causa domi continere. Quodsi tamen quis dicat, *mulieris* necessariam fuisse testationem, continentem quippe, se (contra honestatem suam) tradere sese viro in concubinatum, atque talem solennem declarationem, qua mulier honestatem suam deponeret, viro ad se excusandum suffecisse, me non habebit refragantem; quamquam priori opinioni fortasse fragmenti tenor et nexus magis favent. Immo ne hoc quidem plane negare velim, conjunctam viri et mulieris requisitam fuisse testationem: se, mutuo consensu, nec matrimonium inire, nec stupri causa consuescere, sed concubinatum instituere.

Hanc testationem apud Aediles fieri debuisse suspicatur *Connanus* (2). Sed quum ejusmodi nuda ad magistratum denunciatio potius *professio* dicatur, testibus autem in professione publica de suo affectu vix locus esset (3), non dubitamus, similem hîc intelligere testationem, atque eodem tempore minori XXX annis manumisso praescriptam esse vidimus (4). Neque ex brevissimis Marciani verbis confici potest, quod dubitanter existimat *Georg. Jordens* (5),

(1) L. 3. § 1. D. *de concub.* (25. 7.
(2) *Connan.* in Comment. Jur. Civ. VIII. 13.
(3) Cf. supra p. 123.
(4) Vd. ibid. p. 122, sqq.
(5) *Jordens*, l. l.: »interposita duorum fide testium, solennique scriptura, vel etiam qualicumque, quod verisimilius videtur.''

9

scripturam hic requisitam fuisse; quamquam, nisi lex expresse eam requisierit, plures erant rationes, ut hoc loco adhiberetur, quam in nuptiis Latini Juniani (1).

Quaeri autem potest, quot testes adhiberi debuerint. Et Ulpiani quidem temporibus, ubi testium numerus non expresse esset adjectus, duo suffecisse videntur (2). Verum ex Marciani verbis colligi nequit, legem non adjecisse numerum (3). Quamvis igitur Justiniani aetate modo quinque, modo tres requirerentur (4), nobis tamen, animadvertentibus legem Juliam de adulteriis, ex qua, testatione omissa, poena irroganda esset, in divortii forma, ut dein videbimus, septem testes requisivisse, et totidem legem Aeliam Sentiam in minoris XXX annorum manumissi nuptiis, et, quod supra jam monuimus, testium numerum videri fuisse plerumque septenarium (5), probabile videtur etiam hic septem testes fuisse requisitos (6). Minorem numerum suffecisse, vel ideo non verisimile putaverim, quod testatio haec adversus legitimam praesumtionem militare debebat.

Quod denique ad hujus testationis in foro vim attinet, plenissime, sine dubio, ea probabat non stupri crimen esse commissum. Sed eam non prohibuisse, quominus animus maritalis, post interpositam testationem, accessisse, atque exinde matrimonium contractum esse probaretur, cum propter ea, quae supra allata sunt (7), tum quoniam non ad matrimonii probationem refellendam illa adhibebatur, facile credo.

---

(1) Vd. supra pag. 124.
(2) L. 12. D. *de testib.* (22. 5). Cf. supra pag. 93.
(3) Vd. tamen *Jordens*, l. l.
(4) Vd. *Spangenb.* op. l. pag. 37.
(5) Vd. supra pag. 94. n°. 1 et 2, et pag. 123.
(6) Ita existimat etiam *Brouwer.*, de jure connub. I. 27. 25.
(7) Cf. Papiniani responsum, supra pag. 96.

IV. De Probationibus Legitimationis.

Expositis cum matrimonii legitimi, tum, quatenus huc pertinere videbatur, matrimonii juris gentium, denique conjugii inaequalis (1) probationibus, opportune hic nonnulla subjici videntur de probationibus variae illius mutationis, per quam liberis, e matrimonio juris gentium vel concubinatu ortis, jura tribuuntur, quae liberis legitimo matrimonio procreatis competunt.

Primum de ea videbimus legitimationis specie, per quam liberi, qui patrem quidem habebant aut certe habuerant (2), tantum patriae potestati, quae justarum nuptiarum proprius erat effectus, subjiciebantur aut subjecti fuisse censebantur. Tum de altera legitimationis specie, multo serius orta, per quam liberi, patrem jure Romano non habentes, hunc acquirebant aut acquisivisse censebantur et hujus potestati subjiciebantur aut huic subjecti fuisse fingebantur, paucula monebimus.

§ 1.

De Legitimatione liberorum injustorum sive ex matrimonio juris gentium ortorum.

Si Latinus Junianus Legi Aeliae Sentiae satisfecisset, et hanc causam Romae apud Praetorem, in provincia apud Praesidem approbasset, non tantum ipse una cum uxore et anniculo injusto (nisi hi jam cives essent) ad civitatem perveniebat, sed simul etiam matrimonium injustum fiebat justum et semper tale fuisse censebatur, ita ut pater abhinc etiam filium illum in sua potestate habere inciperet (3).

---

(1) Ita enim Theod. et Valent. concubinatum vocant in L. 3. C. de lib. natur. (5. 27).

(2) Gaj. I. 32, II. 142, sqq., III. 5, Coll. legg. Moss. et Romm. XVI. 3. § 7.

(3) Gaj. I. 29—35, Ulp. III. 3.

Ipsum igitur Praetoris Praesidisve decretum ita matrimonium illud ejusque fructum reparabat (1). Illud autem
decretum ex dicti magistratus Actis constitisse, ex eodem
igitur instrumento publico, ex quo v. c. adoptio cognoscebatur (2), demonstratione non indiget.

Iisdem manifesto Actis comprehendebatur, si quis, matrimonio illegitimo cum disparis conditionis persona contracto indeque filio nato (3), justam hujus erroris causam
approbasset, idemque ex SCto, non multo post legem Aeliam
Sentiam facto (4), consequutus esset beneficium, quod
haec lex cum altera causae probatione conjunxerat. Nam
quum haec erroris causae probatio alteri speciei, lege
laudata introductae, conjunctissima, certe simillima fuerit,
atque etiam jus civitatis Romanae tribuerit, perquam impro-
babile est, erroris causam apud alium minoremque magistratum, quam anniculi causam, probatam esse (5).

Neque alia fortasse Acta erant, e quibus beneficium
constabat, si quis Principis rescripto impetrasset, ut filius
suae subjiceretur potestati. Nam quum, ut hoc modo
filius injustus fieret justus, opus esset causae cognitione,

---

(1) »Et si is, apud quem causa probata est, id ita esse *pronun-*
ciaverit, tunc" rel. Gaj. I. 29. coll. 66.

(2) Vd. supra pag. 53.

(3) Si tamen simul legem Aeliam Sentiam vellet implorare, puta
si Latinus Junianus existimasset se ex dicta lege ducere Latinam,
et duxisset peregrinam, tunc opus erat, ut filius anniculus factus
esset. Hoc non dubito, quin lateat in mutilo Gaji I. § 73 loco.
Si tamen is errorem probaret, qui, si non errasset, filium ab ipsis
inde natalibus in potestate habuisset, puta si civis Romanus errore
Latinam pro cive Romana duxisset, tunc nihil intererat, cujus aetatis
filius sive filia esset, Gaj. l. l.

(4) Vd. *B. Hollweg*, op. l. pag. 119.

(5) Cff. *B. Hollweg*, op. l. pag. 42, 43 et 53, Cl. *van Assen*,
op. l. pag. 48. Etiamsi concilium fuisset adhibendum, quam sententiam recte rejicit *Hollw.* l. l., tamen res non mutata fuisset,
quoniam hoc concilium tantum a Praetore aut Praeside *adhibebatur,*
ipse *decernebat.* Vd. Theoph. Paraphr. I. 6. 4.

in impuberibus eâque et absentibus diligenti atque ex-
acta (1), nobis, aliorum beneficiorum Principalium im-
petrandorum modum considerantibus (2), verisimile videtur, Principem concessisse beneficium, si judex aestimasset
huic locum esse posse. Si quis tamen judicet, causam,
Romae ab ipso Imp. vel a Praetore (si ille abesset), in
provinciis a Praeside, ante esse cognitam, quam beneficium
indulgeretur, multus abero, ut refragari sustineam (3).
Ex priore autem sententia Principis libellus fuit tantum
rei indicium, magistratus Acta plenissimum documentum;
ex posteriore Acta tantum indicium, libellus plenissima
probatio. Perdito autem libello, beneficium etiam ex
Principis Commentariis cognosci poterat (4).

Honoribus quoque ut quis civitatem Romanam et simul,
ut nonnullis videtur (5), patriam potestatem nancisceretur,
Praetoris Praesidisve opus fuisse decreto, nobis verisimilius
videtur, quam ut quis dicere potuerit: »Ego domi in co-
»lonia Latina honoribus functus sum: ergo sum civis Ro-
»manus filiosque in potestate habeo.'' Quod si recte judicemus, etiam hic patriae potestatis acquisitio ex iisdem
actis plenissime patuit.

§ 2.

De legitimatione liberorum naturalium sive ex concubina genitorum.

Legitimatio per subsequens matrimonium probabatur,
ut res ipsa loquitur, hoc probando matrimonio subse-
quuto. Atque haec probatio eo facilior erat, quod, si mi-

---

(1) Gaj. I. 93.
(2) Vd. supra pag. 50 et 63, sq.
(3) Quamquam Gaji locus laud. mutilus est, fortasse tamen seqq.
§ § et Plin. Epist. X. 107. huic adeo sententiae magis favent.
(4) Vd. Plin. Epist. X. 95 et 105, coll. 75.
(5) Vd. *Zimmern*, op. l. I. 2. § 215, propter Gaj. I. 96,
coll. 95.

nus quum primum haec legitimatio concessa est (1), saltem ab Anastasii inde constitutione, quae tamen non novi quid hac de re constituisse videtur (2), ad subsequens istiusmodi matrimonium, requisita fuerunt instrumenta nuptialia (3). In quibus nomina liberorum conscribenda fuisse, nusquam praeceptum reperio. Et si vel factum hoc esset, aliis quoque permissum videtur, ut se ex eodem patre eademque matre, inter quos jam subsequutum esset matrimonium, natos probarent. Eadem probatione legitimatio demonstrabatur, quae per elocationem filiae naturalis viro Curiali locum habebat; quamquam hic instrumenta non videntur praescripta (4).

Curiae autem oblatio, licet variis modis fieri potuerit, iisdem tamen semper constitisse videtur Actis Curialibus. In haec eam receptam esse, si in ipsa Curia facta esset a patre superstite ac publice declarante, se hunc vel illum, filium suum naturalem, Curiae obnoxium facere (5), aut si ex patris testamento, a liberis, scripturam amplectentibus et hac munitis, facta esset (6), vel etiam si filius naturalis, legitima prole non existente nec patre offerente, se ipse obtulisset (7), per se satis intelligitur. Verum dubitat fortasse nonnemo, an idem dicendum sit de oblatione sub Actorum fide sive sub gestis monumentorum facta (8): nam manifestum est, hic significari Acta Magistratuum, saepius in superioribus commemorata. Sed

---

(1) Constantini enim constitutionem novimus tantum e Zenoniana in L. 5. C. *de natur. lib.* (5. 27), quae ipsa loquitur quidem de *pactis*, quae matrimonii tempore fuerint, sed non diserte instrumenta memorat.

(2) L. 6. *eod.*

(3) L. 6, L. 7, L. 11. C. *eod.*, § ult. J. *de nupt.* (1. 10), et Theoph. Paraphr. *eod.*, Nov. 12. C. 4, Nov. 18. C. 11, Nov. 74. C. 3.

(4) L. 3. C. *de nupt.*, (5. 4), Nov. 89. C. 2. § 3.

(5) Nov. 89. C. 2. § 1.

(6) Vd. ibid.

(7) Nov. 89. C. 2. § 3.

(8) L. 3. C. *de nat. lib.* (5. 27) et § 1. laud.

tenendum est, quod alio loco jam docuimus, haec acta in municipiis non a solo Magistratu aut Defensore esse confecta, sed debuisse eum certum Curialium numerum adhibere et uti Curiae Exceptore (1); unde apparet haec a Curiae gestis non fuisse diversa, quod exinde etiam elucet, quod haud raro *Curialia* vel *Municipalia* vocantur (2). Utrum oblationem oblatus dein in ipsa Curia debuerit amplecti, necne, hic parum refert. Sed si oblatio in actis Praesidis (3) facta esset, eam cum Curia, cui filius oblatus esset, debuisse communicari et ejus Gestis inseri, manifestum arbitramur. Praeter quam quod oblatio publicis, fortasse pluribus subinde, actis constabat, ea et simul legitimatio cognoscebatur etiam optime ex Albo Curiali (4).

Denique legitimationem per Principis rescriptum factam non prius valuisse, quam is, qui beneficium impetrasset, in precibus allegata magistratui vera esse probasset, aut certe Actis beneficium insinuasset, nobis, aliorum beneficiorum habita ratione, verisimile videtur (5). Quodsi vero hic fallamur, illam ipso rescripto, quod alioquin tantum gravissimum fuisset indicium, aut, eo perdito, Commentariis Principalibus plene esse demonstratam, vix est ut moneamus (6).

Quamvis autem legitimatio non per ipsum solum testamentum fieri posset, (7) hoc tamen, si publica instrumenta periisse demonstrarentur, magnam habuisse vim, ultro apparet.

---

(1) Vd. supra pag. 17.

(2) V. *g.* L. 151. C. Th. *de decurion.* (12. 1), L. 5, L. 6. C. Th. *de exhib. reis* (19. 2), Nov. Theod. Tit. 23.

(3) Vd. supra l. l.

(4) De hoc Albo vdd. Tit. D. *de albo scr.* (50. 3), L. 3. C. *de decur.* (10. 31). Add. *Gothofr.* in Paratitlo Tit. C. Th. *de decur.* (12. 1) et in Notis. ad L. 48. C. Th. *eod.*

(5) Vd. p. supra 50 et 63, sq. Add. omnino L. l. C. Th. *de his, qui veniam aetatis* (2. 17).

(6) Vd. § sup. n°. penult.

(7) L. 3. C. *de nat. lib.* (5. 27). Nov. 24. C. 2. § 1. Nov. 89. C. 2. § 1.

CAPUT QUINTUM.

DE PROBATIONIBUS DIVORTII.

———

Sectio I.

DE DIVORTII PROFESSIONIBUS.

Quatenus e Tabulis Censoriis divortium probari potuerit, non opus videtur, ut hic de industria inquiramus, quandoquidem ultro patet, eas tabulas minoris etiam momenti ad divortium, quam ad matrimonium (1), probandum fuisse, quia e tabulis parum constabat, utrum mortis an divortii causa quis uxorem profiteri desiisset.

Similem aliquam professionem divortiorum, ac matrimoniorum (2), apud Censores, tamquam morum custodes, fieri debuisse mihi non constat. Nam quamvis Censores subinde cives divortiorum ratione plecterint (3), exinde tamen nondum sequitur, divortia ad eos fuisse referenda.

Statim igitur de Actis videre licet.

———

(1) Vd. supra p. 68, sqq.
(2) Vd. supra p. 71, sqq.
(3) »M. Valerius Max. et C. Junius Bibulcus Brutus — Censores — »L. Antonium Senatu moverunt, quod, quam virginem in matri- »monium duxerat, repudiasset, nullo amicorum in consilium adhi- »bito." Valer. Max. II. 9. 2. »Caesar diremit" (utrum tamquam Praefectus morum an tamquam Pontifex Maximus?) »nuptias praetorii »viri, qui digressam a marito post biduum statim duxerat, quamvis »sine probri suspicione." Suet Caes. 43. Quod ad illum Valerii locum, nequeo non animadvertere, eum hic divortium commemorare, anno U. C. 447 factum (nam hoc anno illos fuisse Censores, constat e Liv. IX. 43), quamvis alio loco, II. 1. 4, dicat, repudium inter uxorem et virum a condita Urbe usque ad *vicesimum et quin- gentesimum* annum nullum intercessisse. De cujus primi, ut fertur, Carviliani divortii incerta aetate conf. praeter alios, a *Zimmern*, op. l. 1. 2. p. 562, laudatos, *Klense*, in Zeitschr. VII. 1. p. 24 nª. 2, cujus, ut hoc obiter moneam, de Plut. Rom. c. 22 conjectura, ibid. p. 30, 31, egregie confirmatur loco Tertull., Apol. adv. gent. c. 6.

§ 1.

De Relatione in Acta Urbana.

Relationis divortii in Acta Diurna, a J. Caesare introducta, mentionem jam fieri existimat *Lipsius* (1) a Coelio in quadam ad Ciceronem epistola (2), ubi legit: »Paula »Valerii, soror Triarii, divortium sine causa . . . . »fecit. Nuptura est D. Bruto: nondum *rettulerat*'', et addit: »»*rettulerat*, scil. in Acta.''''" Verum eam lectionem explodit *Orellius* (3), quum legat: »nondum *rettule-* »*ras?*'' et haec explicet pro: »nondum divinaras?'' Licet fortasse dubitari possit de hac verbi *referre* potestate, non audeo tamen dubio Ciceronis loco multum tribuere. Certius constat de aetate Caligulae, qui, teste Suetonio, »quibusdam (feminis), absentium maritorum nomine, »repudium ipse misit, *jussitque in Acta ita referri*'' (4). Quibus Suetonii verbis haud obscure indicari videtur, eam relationem tunc minime insolitam fuisse, sed hoc tantum novum fuisse et inauditum, quod alius quam maritus (5) et hujus nomine divortium faciebat atque id ipsum publice profitebatur; quod Caligulam, licet insolentia nemine esset inferior, non tam fecisse opinor, ut cives ipsius turpitudinem cognoscerent, quam potius ut mariti illi ex Actis, quae etiam extra Urbem frequenter lectitata esse vidimus supra (6), intelligerent, sibi non amplius esse uxores. Etenim, quamvis, ut matrimoniorum (7), ita divortiorum in Acta referendorum morem Caligulae aetate

---

(1) *Lipsius* in Excursu saepius laudato ad Tac. Ann. V. 4.

(2) Cic. ad Fam. VIII. 7.

(3) In edit. Opp. Cic. l. l.

(4) Suet. Cal. 36.

(5) Tiberii nomine hoc facit pater (Augustus), Suet. Tib. 11, quod fortasse antiquitus licuit.

(6) Vd. supra pag. 22.

(7) Vd. supra pag. 74, sq.

jam valde communem fuisse existimaverim, dubito tamen
an ex necessitate hoc factum sit, quum et reliquae relationes voluntariae fuisse videantur neque ullum hujus necessitatis reperierim vestigium.

Quam vulgaris fuerit hic divortii in Acta referendi
mos aetate L. Annaei Senecae, docent philosophi de divortiorum frequentia querelae. »Tamdiu istud timeba-
»tur," ait, »quamdiu rarum erat. Quia vero *nulla sine*
»*divortio Acta sunt*, quod saepe audiebant, facere didi-
»cerunt" (1). Ad quem locum *Lipsius* adeo annotat,
repudia, *ut rata essent et legitima*, in Acta esse relata.
Nec praefracte equidem negabo, necessariam fuisse hanc
relationem. Sed quum tamen nuspiam hujus necessitatis,
quantum novimus, mentio fiat, et aliae similes in eadem
monumenta relationes voluntariae fuisse videantur, potius
suspicamur etiam hic morem tantum esse observatum.
Hic quamdiu steterit, et an similis extra urbem in usu
fuerit, nos latet. De fide autem et auctoritate Actorum
diurnorum diximus supra (2).

Sectio II.

DE RELIQUIS DIVORTII PROBATIONIBUS.

Licet publicae divortii professiones non magis, quam
matrimonii, sint postulatae, in tanta tamen divortiorum
frequentia hoc non admodum mirari licet. Aliud enim
instrumentum tam necessarium fuit, ut sine eo divortium non valeret.

---

(1) Seneca de Benef. III. 16.
(2) Vd. pag. 24, sq.

§ 1.

De Divortii Testatione sive Repudii Libello.

Jam libera Republica memorantur, praeter alia divortiorum solennia, nuncius, qui mariti uxorisve nomine
matrimonio renunciaret (1), et certa verba, huic renunciationi adhibita (2), quae quidem Ciceronis aetate adeo
necessaria visa sunt, ut graviter dubitaretur, num sine
iis divortium fieri posset (3). Verum non lege quadam,
sed moribus tantum haec introducta fuerunt. Augustus
autem partim vetera confirmans, partim nova addens,
lege Julia de adulteriis certam divortiis praescripsit formam (4). Jussit nempe haec lex ut is, qui diverteret,
voluntatem suam alteri conjugi per proprium libertum (5)
denunciaret, adhibitis septem testibus civibus Romanis
puberibus (6). Non ipsi autem renunciationi hi testes
adhibendi fuisse videntur, sed conjugis repudiantis man-
dato: iis coram liberto mandari debebat, ut alteri conjugi repudium renunciaret. Nam non ideo videtur lex
testationem requisivisse, ut certum esset, aliquem esse
repudiatum, sed potius ut conjux se repudiasse posset
probare: divertentis facto forma praescripta est. Quin,
ut mox videbimus, matrimonium dissolutum fuit, antequam conjux, cui renunciabatur, repudium cognosceret.
Quibus accedit, quod mirum et saepe difficile fuisset, si

---

(1) V. g. Cic. de Orat. I. 40, 56.

(2) Cic. ll. ll. et Philipp. II. 28. Add. *Brisson.* VIII. 35 et *Wächter* ,
üb. Ehesch. pag. 110, sqq.

(3) Cic. de Orat. I. 40.

(4) L. un. § 1. D. *unde vir et uxor.* (38. 11). Cf. L. 35. D.
de donat. int. vir. et ux. (24. 1).

(5) Attamen talis libertus intelligitur etiam is, qui a patre, avo,
proavo, et ceteris sursum versum manumissus sit. L. 9. D. *de divort.
et repud.* (24. 2).

(6) L. 9. D. *laud.*

libertus cives Romanos testes adhibere debuisset. Nec parum denique sententiae nostrae suffragantur Pauli, e quo hanc formam novimus, verba: »Nullum", namque ait, »divortium ratum est, nisi septem civibus Romanis »puberibus adhibitis, praeter libertum ejus qui divortium »faciet:" itaque a divortium *facturo* testes adhibentur. Nolui tamen omne sententiae praesidium in hoc gravissimo argumento ponere, quandoquidem fortasse propter Basilicorum scripturam (1), legendum est *facit* (2). Initio fortasse haec per testationem facta renunciatio tota fuit verbalis (3). Mox tamen, ut aliae testationes, ita haec quoque in scripturam redigi consuevit. Jam Ovidius de marito, uxorem repudiaturo, dicit:

Et manus, et manibus duplices cecidere tabellae (4).

Sed quum maritus iste uxorem non tantum repudiare, sed etiam accusare (5) voluerit, dubitari potest, utrum poeta de repudii an de accusationis tabellis (6) loquatur. Et nescio an non magis urgendum sit, quod Suetonius commemorat repudia a Caligula (7) et Tiberio (8) *missa*, quandoquidem etiam Plautus et Terentius jam loquuntur de repudio *remisso* (9), unde hac locutione apud illum

---

(1) »— inter quos (septem testes) non est libertus ejus, qui »divortium facit ($\tau o \tilde{v} \pi o \iota o \tilde{v} \nu \tau o \varsigma \delta \iota \alpha \xi \acute{v} \gamma$.)". Basil. Tom. IV. pag. 329, et Schol. »praeter libertum ejus qui repudium mittit ($\tau o \tilde{v} \pi \acute{e} \mu \pi o \nu$- »$\tau o \varsigma \tau \grave{o} \varrho \varepsilon \pi o \acute{v} \delta$.)", pag. 338.

(2) Noli tamen credere hanc lectionem nobis adversari. Est adeo haec accuratior alterâ. Aliâ esset causa, si legeretur *fecit*.

(3) Juven. VI. 146: »Collige sarcinulas, dicet libertus et exi".

(4) Ovid. Remed. amoris, vs. 667.

(5) »Jamque *vadaturus*" rel. Cf. *Burmann*.

(6) De his libellis conf. *Brisson*. de Form. V. 187, sq.

(7) Suet. Cal. 36.

(8) Suet. Tib. 11.

(9) Plaut. Aulul. IV. 10. vs. 69, coll. vs. 53, Terent. Phorm. V. 7. vs. 35. Sed jam liberâ Rep. repudium subinde per libellum missum esse affirmat *Wächter*, op. l. pag. 112.

fortasse nihil aliud significatur, quam *nuntium* sive *liber-*
tum ad repudiandum *mittere* (1). Papiniani (2) tamen et
Tertulliani (3) aetate jam communis moris fuisse videtur, ut repudii formula libello comprehenderetur, qui
tum a liberto traderetur (4). Atque idem deinceps observatum est (5); neque alia fuit Justiniani aetate diver-
tendi forma (6). Addebatur libello etiam causa (7), vel,
si consensu divortium fieret (8), hic eo comprehendi debebat (9). Atque haec fortasse causa fuit, cur saepe
repudium non ab ipso juris imperito, sed ab alio, puta JCto
aut tabellione conscriberetur, quod Justiniani aetate
moris fuisse videtur (10). Subscripsisse autem septem
illos testes, novimus e Dorotheo, qui: »Nullum," ait,
»ratum repudium est, nisi subscribatur a septem tes-
»tibus civibus Romanis et puberibus, praeter libertum
»ejus qui repudium mittit" (11); ex quibus ultimis verbis
nescio an pateat etiam ipsum libertum subscripsisse. Tradebatur (mittebatur) libellus etiam conjugi praesenti.
Quod ne miremur, animadvertendum est, Romanos saepis-

(1) Uti Cic. de Or. ll. ll. »neque nuntium remisisset," et »non
» remisso nuntio".

(2) L. 7. D. *de divort. et repud.* (24. 2).

(3) Tertull. de virg. vel. c. 12.

(4) L. 7. D. *de div. et rep.* (24. 2).

(5) Vd. *Wächter*, op. l. pag. 160, sqq. et 233, sqq.

(6) L. 6, L. 8. C. *de repud.* (5. 17), Nov. 134. C. 11. Nov.
140. C. 1.

(7) »Si constante matrimonio, communi consensu tam viri quam
»mulieris, repudium missum sit, *quo nulla causa continetur*,"
rel. L. 9. C. *de repud.* cet.

(8) Quae divortia tamen non semper permissa fuerunt, vd. *Zimmern*,
op. l. l. 2. § 155.

(9) Nov. 140. C. 1.

(10) Nov. 134. C. 11.

(11) Basil. Tom. IV. pag. 338. Nescio an non satis caute *Zimmern*,
l. l.: » es ist wohl die Form einer schriftlichen Erklärung (libellus
» repudii) schon frühe *an die Stelle* der von der lex Julia vorge-
»schriebenen *getreten.*" Nam libellus tantum veteris formae additamentum fuisse videtur.

sime, quod proprio ore dicere possent, hoc, majoris solennitatis gratia, per libellum dixisse (1).

Quum libello, sine dubio, dies quoque adscriberetur, divortii tempus ex ipso optime cognoscebatur. Nam, quamvis matrimonium duraret, si eum, qui repudium misisset, antequam hoc traditum esset, facti poeniteret, et omnis res esset nulla, nisi, poenitentiâ cognitâ, is qui accepisset, ipse vellet matrimonium dissolvere, quando per hunc matrimonium dissolutum judicabatur (2); poenitentiâ non sequutâ, matrimonium videtur dissolutum esse habitum, a quo tempore repudii libellus liberto esset datus. Certe si non ab initio ita judicatum sit, hoc expresse constituerunt Diocletianus et Maximinianus: "Licet "repudii libellus," sic rescribunt, "non fuerit traditus, "vel cognitus marito, dissolvitur matrimonium" (3).

Adversus repudium licuisse probare, conjuges se reconciliasse, e superioribus sponte sequitur. Sed quum huic quaestioni vix locus esse posset, nisi conjuges deinceps cohabitassent, apparet simul, eam voluntatis perseverantiam plerumque probatu fuisse facillimam. Quodsi conciliatio, et quidem brevi post missum repudium, intercessisset, non instrumentis, sed aliis indiciis probari debuisse, iracundiam, non firmam voluntatem fuisse repudii mittendi causam, in aperto est (4).

Tam autem necessaria fuit forma a lege Julia praescripta, ut nisi misso repudio divortium factum esset, pro infecto haberetur (5), conjuges, alio contracto matrimonio, adulterium committerent (6), donationes inter eos non

---

(1) Vd. *Brisson*. de Form. V. 21, et Sel. Ant. III. 7.

(2) L. 3, L. 7. D. *de div. et repud.* (24. 2), L. 33. D. *de ritu nupt.* (23. 2).

(3) L. 6. C. *de repud.* (5. 17).

(4) Cf. L. 3. *eod.*

(5) L. un. § 1 D. *unde vir et ux.* (38. 11), L. 8 pr. C. *de repud.* cet. (5. 17).

(6) L. 8 D. *de divort. et rep.* (24. 2).

valerent (1), et universe matrimonium jure duraret (2), quamquam non semper haec necesssitas observata videtur (3). Quin in divortiis quoque communi consensu (4) aut bona gratia (5) factis, repudia requisita videntur.

Verum quum libellus conjugi dimisso traderetur, hic quidem eo abunde divortium probare poterat; alteri vero, ut se recte repudiasse demonstraret, septem illi testes praesto erant (6). Sed post longum temporis spatium, mortuis forte illis testibus, aliquod incommodum inde oriri posset, quamquam, dissoluta conjugum cohabitatione, haud ita facile de divortiis nasci poterat dubitatio. Huic tamen qualicumque incommodo forsitan ita saepe succurrebatur, ut et is, qui repudium mitteret, sibi testationis instrumentum conficeret. Possit etiam videri repudium judicis actis debuisse insinuari, propter hunc Modestini locum: »Sempronia libellos composuit, quasi »datura Centurioni, ut ad officium transmitterentur, sed non »dedit; Lucius pro tribunali eos recitavit, quasi officio »traditos. Quaero: non sunt inventi in officio, neque Centu- »rioni traditi: quo crimine subjiciatur qui ausus est li-

---

(1) L. 35 D. *de don. int. vir. et ux.* (24. 1).

(2) L. un. laud..

(3) L. 8 pr. C. laud. Add. *Zimmern*, l. l. pag. 569.

(4) Arg. L. 9 C. *de repud.*; et diserte libellum requirit Nov. 140 C. 1. Qui *Zimmern*, l. l. aliique Legis 32 § 13 D. *de donat. int. vir. et ux.* (24. 1) contrariam sententiam superstruere possint, fatemur nos non assequi.

(5) L. 10 C. *de repud.* cet. (5. 17) et Nov. 22 C. 6, quem locum mire interpretatur *Wächter*, op. l. pag. 226, ad contrariam sententiam probandam. Add. omnino *exceptiones*, quae regulam confirmant, in Nov. 22 C. 7, ubi repudium ideo non requiritur, quia mitti nequit, et in Nov. 123 C. 40. Exceptiones hic poni miror fugisse *Wächterum* l. l., qui etiam vellem monstrasset, quibus verbis in Novv. 22, 117 et 127 C. 4 τὸ *repudium mittere* et τὸ *bona gratia divertere* sibi opponantur.

(6) Nam liberti testimonium, utpote domesticum, etiam jure civili improbatur. L. 6. D. *de testib.* (22. 5), L. 3. C. *eod.* (4. 20).

„bellos domo substractos pro tribunali legere, qui non
„sunt dati?" rel. (1). Nam repudii libellos hic significari, existimat *D. Gothofredus*, et *officium* saepe vocantur ii, quorum est acta publica conficere (2). Verum
quum plures alias interpretationes haud minus faciles
admittant vocc. *libelli* et *officium* (3), huic unico loco
nihil tribuendum esse censemus. Sed nescio, an aliquando repudii insinuandi necessitatem in singulari
divortii specie introduxerit Constantinus Magnus. Hic
nempe constituit: „Uxor, quae, in militiam profecto
„marito, post interventum annorum quatuor nullum sos-
„pitatis ejus potuit habere indicium, atque ideo de nuptiis
„aliis cogitavit, nec tamen ante nupsit, quam *libello*
„Ducem super hoc suo voto convenit; non videtur nup-
„tias iniisse furtivas, nec dotis amissionem sustinere,
„nec capitali poenae esse obnoxia, quae post tam magni
„temporis jugitatem non temere, nec clanculo, sed *pu-*
„*blice contestatione deposita* nupsisse firmatur" (4). Nimirum ex ultimis verbis patere videtur, istum libellum
publicis actis militaribus fuisse insinuandum (5); et significari repudii libellum, Duci transmissum, ideo suspicamur, quod hic deinceps *contestatio* vocatur, quo verbo
intelligi solet instrumentum testium fide confirmatum (6);
testibus autem cur opus fuisset, si mulier solummodo
voluntatem cum Duce communicare debuisset, non satis

---

(1) L. 72 D. *de furtis* (47. 2).
(2) Vdd. *Brisson*. de V. S. in voce, *Savigny*, Gesch. d. R. R.
Tom. I. p. 263, *B. Hollweg*, Röm. Civil-Proces, § 16.
(3) Vd. *Schulting* et *Smallenb*. ad. h. l.
(4) L. 7. C. *de repud.* cet. (5. 17). Cf. Nov. 22 C. 14, ubi Justinianus Constantinum tali mulieri nuptias permisisse dicit, „offerenti
„prius libellum militiae principi et hoc ipsum (se ad secundas venire
„nuptias) testificanti" (διδασκαλίαν ἐπιδοίση πρότερον ιῷ τὴν
στρατηγίαν ἔχοντι, καὶ αὐτὸ τοῦτο ἐκμαρτυραμένη).
(5) De his actis conf. *Lips*. in Exc. ad Tac. Ann. V. 4.
(6) Vd. *Brisson*. de V. S. in voce.

assequimur. Attamen istiusmodi repudii hóc casu paulo diversum a reliquis fuisse tenorem, facile largimur (1). Justinianus autem haec ita deinceps immutavit, ut, praeter decennii lapsum, requireret, ut mulier literis virum sollicitasset, vel per alium eum interpellavisset, hic vero vel diserte renunciasset matrimonio, vel plane siluisset; tum de ea re vel gloriosissimum Magistrum militum, vel spectabilem Ducem, vel clarissimum Tribunum (2), sub quorum imperio miles ille esset, certiorem reddidisset (διδασκαλίαν ἐπιδοίη); denique per libellum supplicem nuptiarum facultatem ab Imperatore impetrasset (3).

Idem quomodo postea etiam haec immutaverit, alio loco videbimus (4).

§ 2.

De aliis nonnullis divortii indiciis.

Si recte in superioribus suspicati sumus, Pontifices, nisi omnium in manum conventionum, saltem confarreationum habuisse annotationes (5), non minore jure videmur nobis conjicere, eosdem sacerdotes diffarreationes certe memoriae prodidisse. Nam uti probabile est confarreationi intercessisse Pontificem Max., ita eundem matrimonio confarreato dissolvendo adhiberi debuisse, valde verisimile est (6).

Solennia, quae, antiquitus maxime, divortiis universe

_____

(1) Fortasse etiam idcirco libellus a Justiniano non vocatur διαξύγιον, ut in Nov. laud. Cap. 6 et 7, sed διδασκαλία.

(2) De his militiae praefectis, conf. *Gothofr.* in Paratitlo libri VII. C. Th. Vol. II p. 250, sqq.

(3) Nov. 22 c. 14.

(4) Vd. Cap. seq. Sect. II. § 2.

(5) Vd. supra pag. 114.

(6) Vd. *Wächter*, op. l. pag. 72, *de Bas*, op. l. p. 40.

adhiberi solebant, adnotationibus similibusve indiciis coram judice prodendis, ansam praebuisse videntur. Si coemtio matrimonii causa per remancipationem fuisset dissolvenda (1), suspicarer, uti mancipationem, qua manus acquirebatur, ita etiam mancipationem, qua haec dissolvebatur, in tabulas esse redactam (2). Sed *Wächteri* illa opinio, licet ingeniosa, tam lubrica est, ut ei accedere non ausim (3). Hoc tamen silentio praeterire non possum, quod moris fuisse videtur, ut, facto divortio gravissimae matrimonii probationes, tabulae scil. nuptiales rumperentur (4). Qualis consuetudinis argumenta contraria delendi alterum exemplum habemus in Manumissione, in qua quippe et antea servitutis, puta emtionis, instrumenta frangi solebant (5), quaeque jure Justinianeo per hanc solam deletionem, adhibitis quinque testibus, potuit celebrari (6).

---

(1) Hoc existimat *Wächter*, op. l. pag. 73, sq.

(2) Vd. supra p. 89.

(3) Vd. *Zimmern*, op. l. I. 2 § 228 nª. 2.

(4) Cic. Phil. II. 28, ex dubia *Garatoni* conjectura. Certius hunc morem cognovimus ex Tac. XI. 30 (supra p. 90 nª. 4), Juven. IX. 75, ubi de uxore repudiatura dicit: — tabulas quoque ruperat, et jam signabat. rel.; ad quem locum vide Schol.

(5) Augustin. Serm. XXI. § 6, » ut manumittas servum tuum, » frangis tabulas ejus,'' et Epist. 185. nª. 15 » pessimorum servorum, » ut liberi abscederent, frangebantur tabulae'', rel. Cf. L. 20. C. *de probat.* (4. 19).

(6) L. un. § 11. C. *de Lat. lib. toll.* (7. 6).

CAPUT SEXTUM.

DE PROBATIONIBUS OBITUS.

———

Licet probationes obitus proprie non pertineant ad familiae probationes, pauca tamen, quae de iis comperta habemus, non retinenda videntur, cum quoniam morte quis e familia exit ac mutatam hanc relinquit, tum quoniam ab ejus probatione et alia superstitum jura pendere solent et vero nonnumquam, maxime ab ejus tempore probando, eorum status quoque pendet.

———

Sectio I.

DE PROFESSIONIBUS OBITUS.

§ 1.

De mortuorum professione a Servio Tullio instituta.

Vidimus initio hujus disquisitionis (1), jam Servium Tullium, teste Dionysio, praecepisse cognatis, ut in aerarium Veneris Libitinae pro iis, qui morerentur, certum nummum conferrent, et videri mortuorum nomina ab aerarii antistitibus in tabulas quasdam esse relata; totum tamen institutum Dionysii aetate non amplius exstitisse, tunc suspicati sumus. De quibus omnibus me *Niebuhrium* habere assentientem, nunc video et haud parum laetor (2).

---

(1) Vd. supra pag. 6, sqq.

(2) » Alle Neugebornen wurden im Tempel der Lucina eingeschrieben; » alle die in das Jünglingsalter traten in dem der Juventas; alle Ver- » storbene in dem der Libitina; alle Ansässige mit Weib und Kind » bey den Paganalien: *abgekommene Ordnungen welche Dionysius* » *nur aus L. Pisos Bericht kannte*". Röm. Gesch. Vol. I. p. 488.

Sed licet utilissimum institutum aliquando cessaverit, vix dubium est, quin sub Nerone denuo adfuerit. Tradit namque Suetonius, orta sub hoc Principe peste, uno auctumno triginta funerum millia *in rationem Libitinae* venisse (1). Quorum verborum sensus est, tot mortuorum nomina relata esse ad eos, qui pecuniam, ex instituto Serviano pro quoque mortuo pendi solitam, exigebant recipiebantque. »*Ratio Libitinae*," inquit *Casaubonus* ad hunc locum, »est acceptarum pecuniarum liber, quem »conficiebant, qui Veneris Libitinae thesauro praeficie-»bantur" (2).

Eandem Rationem significari existimat *Casaubonus*, ubi Eusebius et Hieronymus in Chronico de simili peste sub Vespasiano dicunt: »Lues ingens Romae facta: ita ut per »multos dies in *Ephemeridem* decem millia ferme mortu-»orum hominum referrentur. Nobilitatis Romanae pars »maxima periit" (3). Recte fortasse ille, quoniam civium rationes domesticae haud raro *ephemerides* vocantur (4). Verum eodem nomine insigniuntur etiam commentarii rerum gestarum diurni privati sive acta diurna privata (5): forsitan ita vocatus est libellus domesticus, qui cum acta diurna, tum expensas et erogationes, non minutatim,

---

(1) Suet. Tib. c. 39. In hoc templo omnis non tantum exsequiarum apparatus venalis prostitisse, sed ejus etiam antistites operam suam funerum curatoribus elocasse videntur. Vd. *Kirchman.* de Funer. Rom. I. 9.

(2) *Ratio* saepissime hoc sensu venit. Vd. *Brisson.* de V. S. in voce.

(3) Eusebii Chronic. lib. II. pag. 380. ed. *Maii*, in Scriptt. Vet. Nov. Collect. T. VIII. Fragm. Graec.: Λοιμὸς κατὰ Ῥώμην μέγας· ὡς καθ᾽ ἡμέραν ὑπὲρ μυρίους θνήσκειν ἐπὶ πολλὰς ἡμέρας.

(4) Nepos', Att. 13. 6, Ovid. Amor. I. 12. 25, Propert. III. 22. 20, Seneca Epist. 123. (pag. 673. B.), ibique Iptt.

(5) Cic. pro Quint. c. 18. Cff. Trebell. Poll. v. Gall. pag. 183. A., Vopisc. v. Aurel. pag. 209. C. et v. Probi pag. 233. E.; Plut. Caes. 22.

sed e propriis rationibus translatas, summatim contineret (1). Si quis igitur existimet potius significari Acta publica diurna, sive quod singuli defuncti in ea referrentur,
quemadmodum postea factum videtur (2), sive quod mortuorum quotidie numerus universus e Ratione Libitinae
in ea transferretur, quemadmodum hoc in acta privata
factum animadvertimus (3), nos ei refragari non susti-
nebimus.

Quamdiu institutum steterit, non ausimus conjicere,
nisi quis forte propter laudatum Eusebii locum atque ea,
quae § sq. afferenda sunt, suspicetur, ante Domitianum
vel sub hoc Imp. defunctorum professionem ad Acta publica diurna translata esse. De illius autem fide et utilitate supra disputatum est (4). Nequeo tamen non animadvertere, tantum memorari relatorum numerum, ut in
Suetonii silentio de majore mortuorum numero (5), non
immerito conjicere videamur, diligenter legi esse obtem-
peratum.

---

(1) Elegans istiusmodi Actorum, a Ratione diserte distinctorum,
exemplum exstat apud Petron. Satyr. c. 53: »Et plane interpellavit
»saltationis libidinem actuarius, qui tamquam Urbis acta recitavit:"
»»VII. Kal. Sextilis, in praedio Cumano, quod est Trimalchionis,
»»nati sunt pueri XXX, puellae XL: sublata in orreum ex area
»»tritici millia modium quingenta: boves domiti quingenti. Eodem
»»die Mithridates servus in crucem actus est, quia Gaii nostri
»»genio maledixerat. Eodem die in arcam relatum est, quod
»»collocari non potuit, sestertium centies. Eodem die incen-
»»dium factum est in ortis Pompejanis, ortum ex aedibus Nastae
»»villici."" ...... »Jam etiam edicta Aedilium recitabantur et
»saltuariorum testamenta, quibus Trimalchio cum elogio exhaereda-
»batur: jam nomina villicorum, et repudiata a circumitore liberta,
»in balneatoris contubernio deprehensa: atriensis Bajas relegatus:
»jam reus factus dispensator: et judicium inter cubicularios actum.'λ
(2) Vd. ∫ seq.
(3) Vd. n₂. 1.
(4) Pag. 8, sq.
(5) De Suetonii critica, cf. supra pag. 20. nᵃ. 1.

Quatenus e Tabulis Censoriis obitus cognosci potuerint, quum ne nomina quidem defunctorum referrentur, sponte apparet. Unde silentio eas hic praeterire licet.

§ 2.

De mortuorum in Acta Diurna relatione.

Quemadmodum liberâ Republica in Annales Maximos illustrium hominum obitus relati sunt (1), ita hoc postea quoque in Acta Urbis diurna factum esse, per se satis manifestum est.

Nec solos illustres defunctos et universum fortasse quotidie defunctorum numerum Acta comprehendisse videntur, sed est etiam Dionis Cassii locus (2), propter quem suspicamur, Domitiani aetate, omnium promiscue mortuorum nomina in Acta, si minus debuisse, certe potuisse referri et ex more relata esse. Etenim Dio dici non posse refert, quot Domitianus aliquando interfici jusserit: »Adeo »enim,'' ait, »se ipsum hac in re damnabat, ut, ne ulla »necatorum memoria superesset, *vetuerit in Acta eos referri* (ἐκώλυσε σφᾶς ἐς τὰ ὑπομνήματα ἐσγραφῆναι). Ad quem locum recte *Valesius* annotat, intelligere se acta publica populi Romani; videri, enim haec sola simpliciter acta sive ὑπομνήματα dici posse κατ᾽ ἐξοχὴν, cetera vero adjuncto vocabulo, Senatus puta, aut Principis aut Magistratuum (3). Nec dicat quispiam, agi hoc loco de suppliciis: de quorum in Acta referendi more quum aliunde constet (4), ex Dionis narratione minime sequi, alios, quam capite damnatos in acta diurna esse relatos. Verum ut mittamus, videri Domitianum vetuisse relationem nec

---

(1) Vd. *Niebuhr*, op. l. Vol. I. pag. 263.
(2) Dio LXVII. 11.
(3) Cf. supra pag. 19. n². 1.
(4) Ammian. Marcell. XXII. 3.

turpem nec publica auctoritate faciendam, e Dionis
loco satis apparet miseros illos non judicii quadam specie
mortis esse condemnatos, sed propria auctoritate a Principe
interfici jussos.

Hujus aliusve consimilis instituti recentiora nos desi-
deramus exempla aut sat gravia indicia. Forsitan accuratius scrutanti apparebunt. Quodsi non exstent, vel sic
dubitamus an hae adeo necessariae professiones, quum
aliquando adfuerint, postea plane sint omissae.

Per Acta autem non raro quoque, certe hominum illustrium publicata sunt funera. Quod qua diligentia subinde fieret, docent quae Tacitus ex illis de Germanici
exsequiis et consanguineorum in his refert officiis (1).

Sectio II.

DE RELIQUIS OBITUS PROBATIONIBUS.

§ 1.

De Actis Cognitionis super morte.

»Si dubitetur,'' ait Ulpianus, »utrum vivat, an decesse-
»rit is, cujus quis quod ad causam testamenti pertineat,
»inscribi describique postulat, dicendum est, Praetorem,
»causa cognita statuere id debere: ut si liquerit eum vi-
»vere, non permittat inspici tabulas,'' rel. (2). Non saepe
hac cognitione opus fuisse, quisque intelligit. Nec, gra-
vissimâ licet poenâ plecteretur, qui vivi aperuisset testamentum (3), defuerunt exempla apertarum vivi tabula-

---

(1) Tac. Ann. III. 3.
(2) L. 2. § 4. D. *testam. quemadm. aper.* (29. 3).
(3) L. 1. § 5. D. *de L. Corn. de falsis* (48. 10), Paul. V. 25. 7.

rum (1). Sed si tamen cognitio instituta esset, ejus sane acta gravissimam fidem merebantur, majorem adeo, quam professio, quoniam de industria in rei veritatem erat inquisitum. Nec dubium est, quin, quatenus exquiri potuissent, iisdem comprehenderentur etiam obitus tempus et locus.

Saepe ex aliis actis judiciariis, puta, si bonorum possessio esset petita, aut ad exhibendas testamenti tabulas actum, aut in modum obitus inquisitum, aut lis de hereditate orta, eadem plus minusve accurate potuisse cognosci, vix est, ut moneamus.

E gestis etiam de aperiundo testamento habitis mortis tempus quodammodo cognosci potuit, quamvis in iis de morte testatoris nil dictum videatur (2). Debebat enim testamentum solenne, mortuo testatore, ab illo, cui id mandatum esset, magistratui intra quinque dies, ut aperiretur, recitaretur, actis inderetur, offerri (3).

Omnibus autem hisce instrumentis publicis, in morte ejusque loco et tempore probando, non tantam tribui potuisse auctoritatem, quantam actis cognitionis primum memoratae, sponte animadvertitur. Et ne haec quidem cognitio probationem contrariam prohibuit, quoniam, ut alia omittam, ipse Praetor, testimoniis v. c. corruptis inductus, errare potuerat (4).

---

(1) Hoc arguunt cum ipsae poenae statutae, tum exemplum in L. 30. § 4. D. *de adim. vel transfer. leg.* (34. 4), quamquam non apparet id h. l. dolose factum esse.

(2) Vd. exempla apud *Spangenb.* op. l. pag. 90, sqq.

(3) Fortasse id factum erat in exemplo nᵛ. l. laud.

§ 2.

De Actis super morte militis.

Quem Cap. sup. vidimus militis uxori a Constantino et
Justiniano praescriptum esse modum ad secundas nuptias
veniendi, hunc Imp. noster postea multum denuo immutavit. Constituit nempe, tali mulieri omnino non licere ad alias transire nuptias, priusquam audierit maritum
suum mortuum esse. · Quo audito, debet vel ipsa, vel
per aliam quamcunque personam Priores et Chartularios
numeri, in quo maritus militaverit, vel Tribunum, si
adsit, adire (1), eosque interrogare, num maritus de-
cesserit, ita ut illi sub Actorum confectione, sanctis Euan-
geliis praepositis (2), deponant, virum revera mortuum
esse. His factis et Actis in suum testimonium exceptis,
etiam nunc per unius anni spatium maritum exspectare
jubetur. Denique poenae sanciuntur adversus eos, qui
falso deposuisse deprehendantur (3). Ex hac igitur Constitutione uxori militis non amplius sufficit repudii insinuatio (4), sed necesse est illi ut certa sit de mariti morte (5).
Hac de re militum, qui optime eam scire poterant, quo
imprimis pertinebant Chartularii sive Actuarii, singulorum
numeri militum ratiocinia tractantes (6), opus est jurejurando in scriptis i. e. sub monumentorum confectione
praestito. Atque Actorum exemplum mulier sibi eden-
dum (ἐκλάβῃ) curare debet (7). Intelligi autem non vul-

(1) Ita habent Novell. et Basil.; Harmenop. Prompt. IV. 12. 16:
» adierit Chartularios et Legatos et Tribunos numeri," rel.

(2) Ita enim jusjurandum praestabatur. Cf. supra pag. 83.

(3) Nov. 117. C. 11. Add. Basil. Tom. IV. pag. 319, sq. et
Harmenop. l. l.

(4) Vd. supra pag. 144.

(5) Jam ante opinio non sufficiebat. L. 11. § 12. D. *ad L. Jul.
de adult.* (48. 5).

(6) De his et reliquis militibus hîc memoratis vid. *Gothofr.* in
Paratitlo lib. VII. C. Theod.

(7) Cf. supra pag. 82.

garia Acta Magistratuum, sed militaria, a Chartulario
forte confecta, demonstratione non indigebit (1).

§ 3.

De Sacerdotum annotationibus.

Quum multae de hereditatibus quaestiones a Pontificum
collegio essent decidendae, ejusdem sacrorum privatorum
cura inprimis mortuo aliquo cerneretur, et religiosa se-
pulcrorum observantia eorum jurisdictioni esset commissa, saepe hoc collegium civium obitus cognoscere
debuit. Quodsi recte in superioribus suspicati simus,
eos collegii res gestas commentariis perscripsisse (2), intelligitur ultro, eosdem commentarios haud raro quoque aliquid valuisse ad mortem alicujus probandam. Nec
tamen negligendum est Pontifices arrogationi et nuptiis
ipsis intervenisse, quod ad mortem vero attinet, eos non
de ipsa, sed de quaestionibus mortis opportunitate natis
cognovisse; unde hanc in transitu tantum commemoratam
esse patet.

Quidquid dicendum sit de sacerdotum Christianorum
circa matrimonia annotationibus, certum est, eos fidelium
defunctorum nomina saepissime in tabulas redegisse, quae
diptycha mortuorum (δίπτυχα νεκρῶν sive κεκοιμημένων)
vocabantur. Sed quum hae tabulae plerumque nudi
tantum catalogi fuisse videantur, et consilio unice eccle-
siastico conficerentur, ut nimirum certis temporibus reci-
tarentur, sponte apparet, in foro civili illarum nullum
fuisse usum aut utilitatem (3).

---

(1) Cf. supra pag. 144.
(2) Vd. supra pag. 48 et 114.
(3) Vidd. *Bingham*, op. l. Vol. VI. pag. 347, sqq., *Suicer.* Thes.
Eccles. in voce, *Meursius*, op. l. in voce, *Augusti*, op. l. Vol.
XII. pag. 312, qui aliorum Doctorum Virorum opera laudat, pag.
280, sq.

§ 4.

De institutis defuncti memoriae conservandae inservientibus.

Quanta celebritate Romanorum, illustrium praesertim, funera peracta sint, ea per praeconem indicta, defunctorum laudes naeniis et oratione funebri celebratas, exsequias magno comitatu factas esse, satis superque constat. Quodsi hac celebritate civium obitus in multorum notitiam perveniret, defunctorum memoriae conservandae etiam magna habebatur cura. Horum imagines in atrio collocabantur, titulis insignitae, quibus nescio an obitus tempus etiam comprehenderetur (1). Saepissime etiam in defunctorum memoriam erigebantur monumenta varii generis, ab ipsis haud raro exstructa aut imperata, uti vel plura nos docent Pandectarum loca (2). Inscriptionibus, quibus ea ornabantur, haud raro mortis mensis ac dies continebatur, maxime si hic singulis mensibus aut quotannis celebrari a testatore jussus esset, et ipsum hoc testamentum monumento esset insculptum (3). Interdum etiam funeris dies ibi commemorabatur (4). Quin exemplum exstat, ubi mortis horam exinde cognoscimus (5). Verum anni mentionem ibi nusquam factam video (6). Sed videbimus infra, accuratissime saepe additum esse defuncti vitae spatium (7); unde haud raro facilis erat

---

(1) Vd. *Rosin.* op. l. pag. 75.

(2) Vd. *Brisson.* de Form. VII. 154.

(3) Exempla vide apud *Spangenb.* op. l. pag. 67 et passim pag. 386, sqq.

(4) Vd. exemplum apud *Brisson.* de Form. VII. 176, inscr. 12ª.

(5) Apud *Brisson.* l. l. inscr. antepenultima (*Gruter.* Inscr. pag. DCCXCIV. 1).

(6) Confer tamen Testamentorum apud *Spangenb.* in op laud. exemplum VI, pag. 66, sq.

(7) Vd. Partis seq. Cap. V.

mortis temporis computatio. Denique ipsa menstruis vel
annuis ludis, spectaculis, conviviis, sim. mortis celebratio, modo sponte, modo ex defuncti praecepto (1)
facta, plurimum valebat ad conservandam illius temporis
et loci, quo quis decessisset, memoriam (2).

———————

(1) Vdd. e. gr. L. 16. D. *de usu et usufr. leg.* (33. 2), L. 18.
§ 5. D. *de alim. vel cib. leg.* (34. 1), L. 71. § 2. D. *de cond. et
dem.* (35. 1), L. 44. D. *de manum. test.* (40. 4). Add. Testam.
apud *Spang.* exempla III et VII, et Inscrr. omiss. nª. 5 et 6. Interdum vero dies natalis celebrari jubebatur. Vd. exemplum apud *Spangenb.* op. l. pag. 62.

(2) Hoc ipso consilio id interdum jubebatur, defuncti propinquis
absentibus. Vd. L. 18 § 5. laud.

PARS ALTERA.

DE COMMUNIBUS FAMILIAE PROBATIONIBUS.

Quamquam Parte superiore varias commemoravimus probationes, quae ad familiam probandam facere potuerint, et licet inter has sint, quarum magna fuerit in jure auctoritas, neminem tamen fugiet, aliis saepe opus fuisse adminiculis, sive quod illae omissae essent vel periissent, sive quod non sufficerent ad plenam probationem. Instrumentorum autem quae tunc cuique familiae speciei demonstrandae adhiberi potuerunt, hic praecipua recensebimus.

CAPUT PRIMUM.

DE TESTIBUS IN CONTROVERSIIS FAMILIAE.

§ 1.

De Testium in controversiis familiae usu.

Quod Arcadius refert, testimoniorum usum frequentem et necessarium fuisse (1), id non minimum de familia probanda valuisse animadvertimus.

----

(1) L. 1. pr. D. *de testib.* (22. 5).

Varias in superioribus commemoravimus testationes ad familiam pertinentes, quae, si scriptura non esset interposita, non nisi per testes poterant probari. Et etiamsi scriptura intercessisset, non videntur illae in jure valuisse, nisi testes, qui subscripserant, earum fidem confirmassent (1). Alioquin non valebant pro instrumento scripto, et adversarius testibus contrarium affirmantibus earum vim infringere poterat; quod non licebat, si cum testatione ipsi producerentur testes (2). Neque immerito hoc cautum putemus; nam videtur subinde non tantum falsum in his privatis instrumentis esse commissum (3), sed adeo quo falsa fides rebus non gestis affigeretur, mortuorum aut absentium aut eorum, qui nusquam gentium essent, nomina subscripta esse, ac si testes adfuissent (4). Quod autem diximus adversus testationem rite approbatam testes non admitti, hoc ne ita intelligamus, quasi tunc illi numquam admissi sint. Nam inde nil amplius constabat, quam revera aliquem, uti scriptum erat aut testes rogati affirmabant, esse testatum: testationis veritatem, nisi res coram ipsis hujus testibus peracta esset, vel sic nequaquam fuisse approbatam, et rei natura evincit et plura nos docent in superioribus allata exempla (5).

Etiam nullo existente instrumento, sive quod omissum sive quod amissum sive quod tamquam fide indignum rejectum esset, familia per testes potuit probari. Quod ad

---

(1) Cf. infra § 3.

(2) Vd. Basil. XXI. 1. 25. (Tom. II. pag. 516), ibique Scholl. (ibid. pag. 561, sq.). Cf. Paul. Sent. V. 15. 4, *Cujac.* Obss. XIII. 38, *Schulting.* Thes. controv. Decad. XCIX. th. 3. .

(3) Paul. Sent. V. 25. 5, L. 1. pr. et L. 9. § 3. D. *de L. Corn. de fals.* (48. 10).

(4) Arg. L. 2. C. Th. *de denunc.* (2. 4).

(5) Cff. L. 5. C. *de probat.* (quamquam hanc legem de sola probatione crediti egisse patet e Basil. XXII. 1.39, Tom. IV. pag. 8 et Thalelaei ad eandem commentario, ibid. pag. 58), et L. 4. C. *de testib.* (4. 20).

natales (1), aetatem (2), adoptionem et emancipationem (3), matrimonium (4), divortium (5), mortem (6),
non scriptorum tantum, sed varia etiam Corporis Juris
loca non obscure id indicant (7). Haec omnia solis testibus
potuere probari. At vel sic tamen hi non admissi sunt, ad
statum, qui sine instrumento non acquirebatur, ut adoptionem et emancipationem (8), probandum, nisi ante demonstraretur hoc necessarium instrumentum, quo alioquin status probari debuisset, interiisse (9). Quod fieri poterat per
eorum, qui interitum noverant, testationem, quae tamen,
si illi rem gestam instrumento comprehensam ignorarent,
ad hujusce probationem nihil valebat (10).

Unam tamen ab hac familiae per solos testes probandae
licentia novimus exceptionem (11). Nimirum si minor se
sacramento corporaliter (id est, ore, verbis (12)) praestito
majorem adseverasset, etiamsi nullum doli animadverte-
retur vestigium, e constitutione Diocl. et Max. nullum
illi superfuit ad restitutionem in integrum auxilium; si

---

(1) L. 29. pr. D. *de prob.* (22. 3), L. 3. § 5. D. *de Carb. ed.* (37. 10),
L. 1. C. Th. *quid probare debeat* rel. (7. 2), L. 9. C. *de nupt.* (5. 4).
(2) L. 2. § 1. D. *de excusat.* (27. 1), L. 2. C. *de his qui ven.*
aet. (2. 45).
(3) L. 11. C. *de fide instr.* (4. 21).
(4) L. 6. D. *de his qui sui vel al. jur.* (1. 6), L. 9. C. *de nupt.*
(5. 4), Nov. 74. C. 4. princ.
(5) L. 9. D. *de divort. et rep.* (24. 2).
(6) Nov. 117. C. 11.
(7) Quod ad agnitionem cf. Suet. Caes. 52.
(8) Vd. supra pag. 54 et 58, sqq.
(9) Manifesto Diocl. et Max. rescriptum in L. 11. C. *de fide instr.*
(4. 21) nititur *probato* actorum interitu: add. Schol. in Basil. Tom. III.
pag. 73. Cf. omnino L. 18. C. *de testib.* (4. 20) et Schol. l. l. pag. 73.
(10) L. 13. C. *de fide instr.* (4. 21). Cf. Theodorus aliique in Basil. l. l.
(11) Quod ad ingenuitatem quodammodo exceptio est in L. 2. C.
de testib. (4. 20), de qua cff. Theodori, Thalelaei et Anatolii com-
mentt. in Basil. Tom. II. pag. 562.
(12) Cf. tamen *Brisson.* in voce, ad finem. Animadvertenda sunt
Basilicorum verba, σωματικῶς καὶ τῇ ἀληθείᾳ, Tom. II. pag. 675.

tamen instrumento praestitum esset jusjurandum, contraria licuit ex instrumentis, *non vero per testium depositiones*, probatio (1). Verum animadvertamus necesse est, hoc, pro temeritatis poenâ, valere tantum quod ad restitutionem in integrum; aetatem tali instrumento non mutari, nec, quominus in aliis causis per testes probetur, prohiberi.

§ 2.

De Testium qualitate in controversiis familiae.

„In exercendis litibus," ait Constantinus, „eandem „vim obtinent tam fides instrumentorum, quam deposi- „tiones testium" (2): scilicet hae, ubi illa absint (3). Nec tamen promiscue omnes adhibiti sunt. Nam per tes- tium facilitatem multa veritati contraria perpetrari, quin plurimos non ut patefiant, quae gesta sint, sed quatenus adhuc amplius occultentur, testari, et alii multi questi sunt et diserte queritur Justinianus (4). Ea testium facilitas non minimum verae familiae conjunctioni pro- bandae nocuit. Quam ob causam hic quoque magna tes- tium qualitatis cura habita est, ut fide digni et rem gestam scientes adhiberentur (5).

Qui prolato instrumento privato accedere debuerint, jam sup. § animadversum est. Instrumento autem publico vel pri- vato amisso, primas item eorum fuisse partes, qui illi con- scribendo adfuissent vel ipsi id confecissent, cum per se satis intelligitur, tum e variis scriptorum et Corporis Juris locis apparet.

---

(1) L. 3. C. *si minor se maj. dis.* (2. 43).
(2) L. 15. C. *de fide instr.* (4. 21).
(3) Vd. § sup. et L. 10. D. *de probat.* (22. 3). Cff. Scholl. in Basil. Tom. III. pag. 74.
(4) L. 18. C. *de testib.* (4. 20), Nov. 90. Praef.
(5) L. 2. C. Th. *quid prob. deb.* rel. (7. 2). Vel homines illustres se ad perjurium de alicujus statu corrumpi passos esse, docet Suet. Ner. 18, ubi cf. Xiphil. LXI. 7.

161

Itaque si Magistratus acta de adoptione, emancipatione, similibus, desiderarentur, illi advocabantur et
vel praesentes testabantur vel in scriptis testimonium de-
ponebant (1). Si tabellio scripturam confecisset, audie-
batur, cum ipse, tum scribae, si ad hos munus fuisset de-
legatum (2). Si testationis scriptura periisset aut illa sine
scriptura habita esset, denuo testes, ante adhibiti, producebantur (3).

Instrumento omisso, aut reliquis probationibus et indiciis non sufficientibus, quinam praecipue adhibiti sint,
difficile dictu est. Differebant illi multum prouti actus,
matrimonii v. c. celebratio, aut gestio, pro marito v. c.,
probari deberet. Diversi etiam erant pro conjunctionis
specie, cujus probatio desideraretur. Libet tamen unum
alterumque testium genus excitare, quibus in probanda
familia praecipua fides haberi solebat.

Inter hos primarium quendam locum occupant cognati.
Hi enim non facile ignorare videbantur, quid sanguine
conjunctus ageret (4); cui accedit, quod Romani fere
omnibus laetis tristibusque familiae vicissitudinibus propinquos adhibere solebant (5). Quamobrem passim eorum
testimoniis magnam fidem habitam videmus (6).

---

(1) Cic. pro Arch. c. 5, L. 21. § 1. D. *de testib.* (22. 5), Cf.
L. 16. C. *h. t.* et L. 13. C. *de fide instr.* (4. 21).

(2) L. 16. C. *de fide instr.*, Nov. 44. Praef., Nov. 73. C. 7. § 1.

(3) L. 17, L. 18. C. *de testib.* (4. 20), Nov. 73, al.

(4) L. 7. C. *de in int. rest.* (2. 22).

(5) Dies namque festos et ceremonias domesticas amicorum et pro-
pinquorum suo interventu et praesentia celebrabant, ut tirocinii,
nuptiarum, funeris solennitates. His *officiis* haud facile deerant, ne
ipsi quidem initio Principes; Suet. Aug. 53, 78, Tib. 11, Claud.
26, Cal. 25; Plin. Paneg. 85. 5; Eutrop. VIII. 2; Dio Cass. LVIII. 8.
Integros illa dies in Urbe absumere, queritur Plin. I. 9. 2. Praeterea
cognati nonnullis negotiis familiaribus adhiberi *debuerunt.*

(6) L. 9. § 1. D. *unde cogn.* (38. 8), L. 4. C. *de ingen. man.*
(7. 14), L. 3. C. *de postlim. rev.* (8. 51), L. 7. C. *de in int. rest.*
(2. 22). Cf. L. 37. C. *de lib. causa.* (7. 16).

11

Quae causa fuit, cur cognatorum testimoniis praecipua
haberetur fides, eadem amicorum etiam testimoniis singularem tribuit auctoritatem. Quae quanta fuerit, vel exinde
colligi potest, quod haud raro testes vocantur *amici* (1),
quodque, ubi aliorum praesentia aliquid confirmari debere
dicitur, inprimis quoque amici nuncupantur (2).

Porro universe vicinorum, qui instrumentis conficiendis plerumque adhibebantur (3), nec facile, quid vicina
familia ageret eive accideret, ignorare praesumebantur,
testimoniis magnum momentum tributum animadvertimus
in quaestione v. g. de natalibus (4), legitimo liberorum
ortu (5), de matrimonio (6), sim. Sed varias ob causas
subinde caute eorum adhibenda testimonia erant. Ita, ut
exemplum afferam, illustrium hominum locus incunabu-
lorum, educationis, habitationis, et sic porro, visitantibus
a vicinis ostendi solebat (7), verum sive errore, seu va-
nitate quadam, seu sportularum amore, non semper satis
accurate, uti ex Augusti historia novimus (8). Atque
eosdem significare videtur Justinianus, ubi queritur de
testium, qui aliquem dilexisse mulierem maritali honore
testentur, corrumpendorum facilitate (9).

---

(1) Vd. *Brisson.* de V. S. in voce, *Dirksen*, loco supra pag.
121. nª. 3. laud.

(2) L. 1. § 23. D. *de ventre in poss. m.* (37. 9), L. 14. D.
de dote prael. (33. 4), L. 11. § 12. D. *de interrogat.* (11. 1),
L. 35. C. *de transact.* (2. 4), L. 22. C. *de nupt.* (5. 4). Add.
Brisson. de Form. VI. 62, Plin. Ep. I. 9. 2, Valer. Max. 9. 2, al.

(3) Vd. L. 1. C. Th. *de donat.* (8. 12), ibique *Gothofr.* pag. 643. a.
Jam antiquissimis temporibus vicini advocari debuerunt, si ageretur
de necando partu mutilo vel monstroso. Dion. II. 15, Cf. *Dirksen*,
op. l. pag. 303.

(4) L. 6. D. *de his qui sui vel al. juris* (1. 6).

(5) L. 9. C. *de nupt.* (5. 4). Ad quam tamen probationem eorum
testimonium non sufficit in laud. L. 1.

(6) L. 9. laud.

(7) V. c. Suet. Octav. 6, Vespas. 2, Tit. 1, v. Horat. in fine.

(8) Suet. Oct. 6.

(9) Vd. supra pag. 122.

Omnium de statu quaestionum, communi sententia, longe difficillima est ea, quae versatur in cognoscendis liberorum natalibus. Ubi igitur quaereretur, qua matre quis natus esset, utrum subjectus esset nec ne, qua hora editus esset (1) similia, praecipua fuit fides (2). Non defuerunt quidem pravarum obstetricum exempla (3); sed plerumque tamen honestae foeminae fuisse videntur, quae nonnunquam vel ipsae medicinam exercebant (4). Quodsi a judice dandae erant, imprimis cura habebatur, ut probatae et artis et fidei eligerentur (5).

Subinde partui etiam custodes apponebantur (6); atque ubi obstetrices a judice mulieri gravidae darentur, solebat etiam honestissima foemina designari, in cujus aedibus illa pareret (7). Quorum omnium, si de hoc partu quaestio oriretur, gravissimum ac praecipuum fuisse testimonium sponte intelligitur. Universe quoque in quaestionibus de partu magna fuit cum nutricis (8) tum aliarum ancillarum auctoritas (9). Atque ubi infans expositus esset, circa ejus parentes multum inprimis credebatur iis, qui illum sustulissent (10).

Quinam in singulis familiae quaestionibus praecipuam fidem meruerint, hic ulterius persequi, et longum et

---

(1) Memorantur in Pandectis causae, in quibus accuratissime illa hora definitur v. g. in L. 25. § 1. D. *de lib. et posth.* (28. 2).

(2) L. 3. § 5. D. *de Carb. ed.* (37. 10), L. 30. D. *de acq. vel om. her.* (29. 2).

(3) Vd. ex. gr. Paul. II. 24. 9, L. 9. pr. et § 1. D. *ad L. Aquil.* (9. 2), ibique interpp. Add. L. 1. § 5. D. *de insp. vent.* (25. 4).

(4) L. 1. § 2. D. *de extr. cogn.* (50. 13).

(5) L. 1. pr. et § 10. D. *de insp. ventre* (25. 4).

(6) Vd. ibid. et Tit. D. *de agnosc. et al. lib.* (25. 3).

(7) L. 1. pr. et § 10. laud.

(8) Virginius, postquam filiam ab Appio in servitutem vindicatam videt, Decemvirum rogat, ut sinat coram virgine *nutricem* percontari, quid rei sit, apud Liv. III. 48. Add. Schol. Basil. Tom. III. p. 48.

(9) L. 3. § 5. D. *de Carb. ed.* (37. 10). Add. Schol. laud.

(10) L. 29. D. *de man. test.* (40. 3). Cf. Suet. de ill. Gramm. 21.

supervacaneum foret. Itaque hanc disputationem conclu-
demus, ubi prius verbo adhuc monuerimus de tutoribus.'
Horum in quaestionibus de pupillorum aetate aut natalibus magna fuit auctoritas (1). Quod ne miremur, tenendum est, illos plerumque patris amicos aut propinquos
fuisse (2) eorumque custodiae commissas esse natalitias
pupillorum professiones (3).

§ 3.

De testium in controversiis familiae numero.

Uti de testium fide, sic quoque de eorum numero
multum judicis arbitrio relictum videtur (4). Existimat
quidem Ulpianus, ubi numerus testium non adjectus sit,
duos sufficere (5); sed vix dubitari potest, quin JCtus
testes spectet instrumento, lege praecepto, adhibendos (6).
Unus tamen, post Constantinum M., in nulla causa probanda suffecit, etiamsi praeclarae Curiae honore prae-
fulgeret (7).

An de testium, quibus solis aut cum instrumentis genus
probari posset, numero jam ante Zenonem latae sint leges, nos quidem latet. Sed hujus, ut videtur (8), Imperatoris memorabilis quaedam in Basilicis exstat ea de
re lex, cujus partem jam supra excitavimus. »Ad generis
»(συγγενείας)," inquit, »probationem opus est quinque

---

(1) L. 7. C. *de in int. rest.* (2. 22). Add. Basil. Tom. I. pag.
636, et Tom. III. pag. 672 et 673.

(2) L. 36. D. *de escusat.* (27. 1).

(3) Cf. supra pag. 41, L. 7. laud., L. 8. § 1. D. *quod met. c.*
(4. 2), L. 24. C. *de adm. tut.* (5. 37).

(4) L. 3. § 1 et 2. D. *de testib.* (22. 5).

(5) L. 12. D. *eod.*

(6) Cf. supra pag. 93. Varie Scholl. recentiores locum accipiunt
in Basil. Tom. II. pag. 550, sqq., penultimus recte, ut nobis videtur.

(7) L. 9. § 1. C. *de testib.* (4. 20). Add. L. 20. D. *de quaest.*
(48. 18). Cff. tamen Scholl. in Basil. Tom. II. pag. 566.

(8) Ita certe existimat *Cujac.* Obss. VIII. 13.

»testibus, si desint instrumenta ad probationem idonea,
»vel tres, si exstent. Quodsi instrumentum tale sit, ut
»vice omnium probationum esse possit, fortasse enim
»monumentum erat publicum, tunc testibus opus non
»erit" (1). Variae hic oriuntur quaestiones. Nam quaenam intelliguntur instrumenta ad probationem generis ido-
nea ($\delta\iota\varkappa\alpha\iota\dot\omega\mu\alpha\tau\alpha$ $\pi\varrho\dot o\varsigma$ $\sigma\dot v\sigma\tau\alpha\sigma\iota\nu$ $\dot\epsilon\pi\iota\tau\dot\eta\delta\epsilon\iota\alpha$)? Non sola acta
publica, sed etiam levioris auctoritatis instrumenta intel-
ligi, e sequentibus verbis elucet. Num igitur quaevis
documenta sufficiunt, modo scripto comprehensa sint et
de earum fide constet, v. g. ad patruum se probandum,
instrumentum donationis, sibi, tamquam fratri, ab adversarii patre factae? Fortasse. Nobis tamen alia explicatio magis arridet. Nam quum istiusmodi instrumentorum, alia de re confectorum, enunciationes de statu
nonnunquam, quod saepius monuimus, amicitiae causa
apponantur (2), alioquin opinione non explorata niti soleant, atque idcirco plerumque indiciis potius quam probationibus annumerandae sint, probabilius censemus, ab
Imp. significari instrumenta, legitimâ formâ, specialiter
de cognatione confecta: privata, de genere instrumenta
sive a tabellione, sive propria manu, adhibitis testibus,
conscripta sint (3). Atque istiusmodi testationes pe-
culiares significari, fortasse sequentia non parum confirmabunt.

Etenim, quod supra jam animadvertimus (4), cum instrumento proferendos esse ipsos testes, qui illi subscripserint, docet Schol. ad hunc locum, his verbis: »Si pro-
»ferat instrumentum, quod trium testium subscriptionem
»habeat, sufficiunt tres testes, qui instrumento continen-
»tur. Sic intellige, quod heic dicitur, non ut quidam,

---

(1) Basil. XXI. 1. 38, Tom. II. pag. 520.
(2) Vd. supra pag. 42 et 110.
(3) Cf. supra pag. 111.
(4) Vd. § § supp.

»qui, praeter testes in instrumento adhibitos, alios tres
»extrinsecus testes exigunt" (1). Provocat ille ad quasdam Theodori, nisi fallor, et Thalelaei annotationes (2),
et Anatolii, antecessoris Berytensis, item Justiniani aequalis (3), ad hanc Constitutionem verba partim affert.
Et hi quidem non diserte significant, quinam testes in-
telligantur; sed in hoc tamen cum Scholiasta conveniunt,
quod praeter ipsum instrumentum, non sex, sed tres
tantum testes requiruntur. Quum igitur horum non fuisse
videatur, ut genus, de quo instrumentum loqueretur, et
de quo fortasse nil scirent, testarentur, sed unice, ut
affirmarent instrumenti veritatem et rem gestam, hoc
comprehensam, non admodum verisimile videtur ad probationem generis suffecisse instrumentum, donationis v.
g., emtionis, testamenti, in quo de genere mentio fieret,
modo per testes olim adhibitos de ipsius fide constaret.

Intelligi instrumentum solenne, tribus duntaxat testibus
confirmatum, non epistolam v. c., ex laudatis Scholiastae
verbis manifestum est (4).

Non minoribus difficultatibus premi videtur, quod, instrumento deficiente, genus per quinque testes probatur.
Quinam enim illi? et num semper hic numerus requiritur,
et semper sufficit? Lex, quatenus eam novimus, non distinguit: atque hinc sufficere videtur, ut quinque vicini
testentur Titiam a Cajo, in cujus domo educata sit,
caram filiam esse vocatam (5), ut illa Cajum patrem habere judicetur, quatuor vero, etiamsi fide sint dignissimi,

---

(1) Basil. Tom. II. pag. 573.
(2) ζήτει καὶ κεφ. κέ (ita sine dubio scribendum, non κή), καὶ
τοὺς ἐκεῖ Παλαιούς. Atqui non tantum veteres Codicis Gregoriani
atque Hermogeniani interpretes, sed etiam juris Justinianei Commen-
tatores, Triboniani aequales, a serioribus vocari παλαιούς, aliis
locis docet *Heimbach*, op. laud. pag. 90.
(3) Vd. *Heimbach*, op. laud. pag. 39, sq.
(4) Add. Thalel. et Theod. l. l.
(5) Cf. L. 1. § 3. D. *de quaest.* (48. 18).

numquam sufficere. Verum ita et judicis arbitrium magnopere coarctatum, et fraudibus lata via patefacta, probis
autem hominibus generis probatio difficillima saepe facta,
et aliis, praeter instrumenta et testes, probationibus atque indiciis omnis vis ademta videtur. Itaque liceat
aliam proponere interpretationem; quod eo majore jure
facere videmur, quoniam Constitutionem tantum e Basilicis cognoscimus, haec autem non integram eam et ver-
botenus, sed tantum ejus summam referunt. Suspicamur
nempe, sermonem hic esse de testatione solenni, quae
vero in scripturam non sit redacta: ad generis demon-
strationem sufficere testationem scriptam, trium testium
subscriptionibus munitam, vel sine scriptura, sed coram
quinque testibus factam. Quod si recte conjiciamus,
Constitutio tantum *modum*, fortasse non novum (1), memorat, *quo tute atque indubitate de genere possit constare*,
loquitur porro de solis testibus solenniter adhibitis, deque
casu quo testatio sit interposita, denique huic tantum
testationi certum testium numerum proponit; unde hic
testium numerus, instrumentis non exstantibus nec testatione verbali interposita, non definitur, sed judici
relinquitur, nec magis reliquae, praeter instrumenta et
testes, probationes atque indicia excluduntur.

Itaque, ex nostra sententia, non impedit Constitutio,
quominus solis tribus aut quatuor testibus genus probetur,
modo judici illi rem scire et fide digni videantur. Sed
dicat forte quispiam, videri sic difficilius fuisse, genus
probare, testatione adhibita, quam eâdem omissâ, illam
certe hanc probationem haud reddere faciliorem. Verum
animadvertendum, illos tres aut quinque testes debuisse
tantum testari, quid coram se declaratum esset, alioquin
vero (testatione non habita) opus fuisse testibus, qui
ipsum *genus* probe cognoscerent, quales saepe difficilime

---

(1) Nam tunc modus accuratius descriptus fuisset: nunc tamquam
cognitus et jam praesens proponitur.

conquiruntur. Praeterea ita fortasse omnes, qui testationi adhibiti essent, requisiti sunt, ut sufficeret omnes produci, qui produci possent (1).

Restat, ut videamus de qua quaestione lex agat. Loquitur ea de probatione συγγενείας, si quis συγγενὴς negetur (2). Et variis quidem modis quaestio cognationis oriri potest; verum semper tamen, nisi fallor, vertitur in dijudicandis alicujus natalibus, sive subjectus dicatur, sive ex libera matre natus negetur (3), sive ex adultera vel non ex legitima uxore editus contendatur. Verbo igitur, hic sermo esse videtur de casu, quo vel adversarius ipse, vel is, per quem cognatio contracta dicatur, *non legitima* eorum, quorum feratur, *proles* esse dicatur.

Quodsi omnia, quae hactenus disputata sunt, comprehendamus, et animadvertamus, in Constitutione commemorari instrumenta, quibus legitimi natales plene probentur, ejusmodi autem instrumenta vix esse posse nisi solennem patris declarationem, non longe absumus ut suspicemur, instrumentum, in quo quis filius nominatus sit (4), non esse Justiniani inventum, sed jam ante praesentem Constitutionem exstitisse, et de eo hic agi. Atqui, si recte ita suspicemur, eatenus antiquior modis a Justinianeo diversus fuit, quod ille etiam testationem

---

(1) Contraria sententia, instrumentum cum duobus testibus, qui ei subscripserint, tertio v. c. mortuo, non sufficere, admodum dura foret et parum conveniret cum L. 6. D. *testam. quemadm.* (29. 3).

(2) Fortasse ne de solius quidem generis probatione accipienda sunt legis verba, quamquam hoc facere videntur Scholl. recentiores (antiquorum interpretationes non exstant). Nam in unum hic coguntur tam diversa argumenta, ut, si minus diversis constitutionibus, certe diversis ejusdem constitutionis capitibus caufa videantur. Cave ne versione *Fabrotiana* in errorem inducaris.

(3) Hanc speciem ipsa memorat Constitutio. Cf. Schol. pag. 762. A.

(4) De hoc egimus Partis sup. Cap. 4, Sect. II, § 4. pag. 109, sqq.

verbalem, hic, testationis hujusce loco, etiam nominatio-
nem in testamento admisit ad legitimum ortum plenissime demonstrandum (1).

Quidquid vero hac de re sit, ex nostra interpretatione,
Constitutio non impedit, quominus existimemus, ad probandam in jure familiam certum definitumque testium
numerum numquam esse praescriptum.

CAPUT SECUNDUM.

DE QUAESTIONIS IN CAUSIS FAMILIAE USU.

Peculiare testimoniorum genus, quod per tormenta e
servis exprimebatur, etiam in controversiis familiae usu
venisse, non miramur. Nam familia plerumque a facto
domestico pendebat, servi autem adeo omnibus rebus
domi gestis adhibebantur, ut fere nihil intra parietes
gestum ignorare censerentur; quamobrem jam vidimus,
in quaestionibus de partu praecipuam fidem ancillarum
testimoniis habitam esse (2). Ut mittamus, in causis libe-
ralibus de illis quaestionem esse habitam (3), servos torqueri potuisse in quaestionibus de consanguinitate aut de
veritate generis, si quis v. g., etiamsi crimen non inten-
deretur, ex adultero conceptus aut suppositus diceretur,
plures nos docent Pandectarum loci (4); et inprimis quo-

(1) Si eadem hic, atque in const. Justinianea intelligenda sint
monumenta publica, apparet, supra p. 32 hunc locum non potuisse
adhiberi ad probandam testium in professionibus natorum necessariam
praesentiam.

(2) Vd. supra pag. 163.

(3) L. 10. § 6. D. *de quaest.* (48. 18), L. 9. C. *de quaest.* (9. 41).

(4) L. 1. § 3, L. 17. § 2, L. 18. § 4. D. *de quaest.* (48. 18).
Add. L. 3. § 5. D. *de Carb. ed.* (37. 10).

que de morte domini tormenta in eos adhibita videntur (1). Varias esse causas, in quibus quaestio absurda
fuisset, ex. c. ubi quaereretur an quis adoptatus aut
emancipatus esset, sponte intelligitur ; sed verisimile nobis
videtur, etiam in aliis, praeterquam in memoratis, si factum domesticum probandum esset, servos potuisse torqueri.
Nam non solum in capitalibus et atrocioribus maleficiis,
sed etiam in pecuniariis causis, si aliter veritas inveniri
non posset, quaestionem adhiberi potuisse, diserte doce-
mur (2); appellatione autem *causarum pecuniariarum*
reliquae omnes causae, exceptis solis criminalibus, comprehendi videntur (3). Praeterea inconcinnum sane foret,
de mancipii dominio, de commodato, de deposito (4)
quaestionem potuisse haberi, non vero de statu, qui illis
multo major solet esse momenti.

Non tamen torqueri potuisse, quos quis de domo suo
produxisset (5), nec audiendos eos fuisse adversus ipsum
dominum (6), vix est, ut moneamus. Peculiaria enim, quae
de quaestionibus in familiae, aut universe in status causis
sint observata, non animadvertimus. Quamobrem etiam non

---

(1) Vd. L. 3. § 13, sqq., L. 6. § 2. et passim D. *de SCto
Silan.* (29. 5).

(2) L. 9. D. *de quaest.* (48. 18), L. 1, L. 6, L. 15. C. *eod.*
(9. 41).

(3) Nam praeterquam in causis criminalibus et pecuniam spec-
tantibus, quaestionem adhiberi potuisse, ostendunt allata exempla.
Accedit, quod simili modo de testibus dicit Arcadius Charisius:
»Adhiberi testes possunt, non solum in criminalibus causis sed
»etiam in pecuniariis litibus'', in L. 1. § 1. D. *de testib.* (22. 5);
quamquam certum est, adhiberi eos potuisse etiam in causis status.
Cff. L. 3. C. *de requir. reis* (9. 40), L. 16. C. *de testib.* (4. 20) Paul.
Sent. II. l. l. et *Brisson.* in voce. Lata hujus appellationis signifi-
catio fortasse inde repetenda est, quod cum omnibus fere causis
civilibus pecunia conjuncta esse solet.

(4) L. 12 et 15. C. *de quaest.* (9. 41).

(5) L. 1. § 3. D. *de quaest.* (48. 18).

(6) L. 1, L. 6. C. *eod.*

opus est, ut hic quoque judicem non temere quaestionem admisisse, neque ab hac initium fecisse, sed tantum ad probationem supplendam ea usum esse, singulatim doceamus, aut ut de numero torquendorum, et quaestionis fide disseramus (1).

———

CAPUT TERTIUM.

DE CONFESSIONIS IN CAUSIS FAMILIAE AUCTORITATE.

———

Quantum universe Romani confessionibus in jure factis tribuerint, has subinde necessarias fuisse (2), et confessum pro judicato esse habitum (3), satis constat. Nec fere diversa, de statum suum confessis observata videmus.

Licet interrogationes in jure, ante judicium ab actore, de jure adversarii non satis certo (4), factae, initio a Praetore circa solum heredis jus permissae sint (6), dein cum in aliis causis (5), tum de statu quoque, ut supra jam vidimus (7), saepe institutae sunt. Sic novimus non tantum interrogatum esse, an quis servus sit (8), sed de

———

(1) Vdd. Titt. D. et C. laud.

(2) Vd. Suet. Oct. 33.

(3) L. 1. D. et C. *de confess.* (42. 2 et 1. 59), L. 56. D. *de rejud.* (42. 1), L. 39. § 1. D. *de donat.* (39. 5). In criminalibus tamen hoc non ita stricte observatum, L. 1. § 17 et 27, et passim D. *de quaest.* (48. 18).

(4) Tit. D. *de interrog. in jure fac.* (11. 1).

(5) L. 2, L. 3, L. 4. pr. D. *eod.*

(6) Vd. v. c. L. 1. § 3. D. *de tut. et rat. distr.* (27. 3), L. 12. D. *quod falso tut.* (27. 6), et passim Tit. D. *de interrog.* rel.

(7) Vd. supra pag. 29.

(8) Vd. ibidem. Add. L. 13. § 1, L. 14. pr., et passim. D. *de interrog.*

praegnantia etiam (1), de aetate (2), an quis filius sit (3),
et sic porro. Responsa autem ad has interrogationes data,
in ipso judicio, quod ad respondentem (4), rata habebantur, si tum per jus, tum per rei naturam vera esse possent. Quod cum alia loca docent (5), tum hoc Pauli
fragmentum: »Et si eum, qui in potestate patris esset,
» respondissem, *filium meum esse*, ita me obligari, si ae-
» tas ejus pateretur, ut filius meus esse possit: quia falsae
» confessiones naturalibus convenire debent. Propter quae
» fiat ut patrisfamilias nomine respondendo, non obli-
» gor'' (6).

Eadem videntur observata in ipsa de jure familiae controversia, ut, nisi confessio juri aut rei naturae repug-
naret, adversario ab ulteriore probatione liberato, confessus quasi sua sententia damnaretur.

Verum quae permagna erat confessionis in ipsa causa,
in qua dabatur, auctoritas, eadem in alia multo erat
minor. Ubi loquamur de confessionum superiorum usu,
necessario intelligimus eas, quae in causa, cujus alia
erat, atque praesentis, quaestio, datae sint (7): confessiones igitur, *opportunitate* dissimilis controversiae sive
sponte sive interrogante adversario datae, inprimis vero
responsa ad interrogationem noxali aliive actioni praemis-

---

(1) L. 1. § 21, sqq. D. *de insp. ventre* (25. 4).
(2) L. 11. pr. D. *de interrog.* (11. 1).
(3) L. 13. pr. D. *eod.*
(4) L. 3. § 3. D. *de jurej.* (12. 2), L. 1. pr. D. *si mulier ventris nom.* (25. 6), L. 1. C. *inter alios acta* rel. (7. 60), al.
(5) V. c. L. 14. § 1, L. 16. § 1. D. *de interrog.*
(6) L. 13. pr. D. *eod.*
(7) Nam ita res judicata jam erat, et improbe iterum quaestio movebatur, L. 27, L. 31. C. *de lib. causa* (7. 16); nisi forte justo errore quis confessus esset et nunc nova eaque evidentissima proferret instrumenta, L. 31. D. *de jurej.* (12. 2), L. 11. D. *de except.* (44. 1), L. 27. D. *de except. rei jud.* (44. 2), L. 42. C. *de transact.* (2. 5), aut judici cum mala fide actum esset, L. 1. § 1. D. *de jure aur. ann.* (40. 10), al.

sam. Itaque quamvis ea confitentem tunc *tenuissent*, non tamen ex iis judicatum erat, neque idcirco nunc pro veritate haberi possunt: verum confitentis statum non mutaverant, nec quidquam de eo statuerant. Hinc ubi postea de ipso confessionis argumento controversia oriretur, gravem quidem illa, e judicis actis petita (1), praebebat adversus confitentem argumentum (2); sed non tantum alius statui id factum nec proderat nec nocebat (3), verum neque ipsum confessum a contrarii status defensione excludebat. »Parentes natales, non confessio adsignat" (4); atque idem saepius dicitur de confessione servitutis (5); neque est, cur dubitemus quin haec regula etiam de reliquis circa statum confessionibus observata sit. His eo minor fides haberi potuit, quod non raro, ut supra jam vidimus, terrore confessiones excutiebantur (6). Non tantum judices ordinarii, ipsi quoque Principes hoc subinde committebant. Sic e Suetonio novimus Claudii Imp. judicium, quod Salomoneum illud in mentem revocat. »Foeminam," ait ille, »non agnoscentem filium suum, dubia utrinque »argumentorum fide, ad confessionem compulit, indicto »matrimonio juvenis" (7): h. e., ut recte explicat recentissimus Editor, »juveni nubere jussam" (8).

Eadem fere videtur vis fuisse confessionis extra jus factae (9). Si dolo malo falsa facta esset, confessum

---

(1) L. 18. § 2. D. *de prob.* (22. 3), L. 6. C. *de re judic.* (7. 52).

(2) L. 18. D. *de probat.*, L. 41. C. *de lib. causa* (7. 16).

(3) Vd. supra pag. 29. Add. L. 8. C. *de ingen. man.* (7. 14), L. 27. C. *de lib. causa* (7. 16).

(4) L. 22. C. *de lib. causa* (7. 16).

(5) Vd. supra pag. 29.

(6) Vd. supra ibid.

(7) Suet. Claud. 15.

(8) *Baumgarten Crusius*, in Indice Latin., voce *indicere*.

(9) Exempla vide apud Schol. Basil. Tom. III. pag. 34, B, et 73. A.

omnino tenebat (1); quodsi bona fide errasset, contrarium statum probare licebat (2); si tamen in instrumento, per sacramenti religionem, facta esset, etiamsi dolus non reperiretur, tantum valebat, ut qui ita se majorem esse adseverasset, non posset amplius per testium depositiones se majorem ostendere, sed evidenti ex instrumentis indigeret probatione (3). Quod idem an de aliis circa statum confessionibus observatum sit, non magnopere dubitamus. Sed valebant illa tantum quod ad restitutionem in integrum; multo minorem hujus assertionis vim fuisse, si principaliter dein de ejus argumento controversia oriretur, rei natura docet. Istiusmodi autem confessiones extrajudiciales saepissime apud Romanos occurrebant. Nam, ut superstitia eorum instrumenta nos docent, de status speciebus, a quibus actus alicujus valor pendebat, diserta illis inseri solebat declaratio (4); unde non raro ad statum in jure probandum adhibita sunt (5).

---

(1) V. g. L. 2, L. 3. C. *si minor se maj. dix.* (2. 43). Erit fortasse, qui hujus regulae exceptionem reperiri existimet in L. 6. C. *de lib. causa* (7. 16), ubi tres Impp. rescribunt alicui: »Nec si volens scripsisses, servum te esse, non liberum, praejudicium juri tuo aliquod comparasses". Verum vel fallor, vel ita volens confessus tenebatur quidem, quod ad rem cujus causa confessus erat, verum non praejudicaverat juri suo *libertatis.*

(2) L. 1, L. 3. C. *si minor se maj. dix.* (2. 43).

(3) L. 3. *eod.*

(4) *Spangenb.* op. l. pag. 33.

(5) Eo respicere videtur Schol. Basil. Tom. III. pag. 33, ubi contractuum aliorumque negotiorum instrumenta, adversus aliquem, qui se paterno et materno testamento, quibus ipsius annus aetatis contineretur, minorem probare conaretur, prolata, memorat. Cf. Basil. Tom. III. pag. 74. B.

CAPUT TERTIUM.

DE EPISTOLARUM USU ET AUCTORITATE IN CONTROVERSIIS FAMILIAE.

———

Quantus epistolarum apud Graecos atque Romanos in jure universe fuerit usus, abunde nos docent superstites oratorum orationes. Etiam ad familiam demonstrandam haud raro a Romanis adhibitae sunt.

Earum nonnullas maximam vim habuisse, sponte intelligitur. Ut mittamus, Nervam Trajanum epistola adrogasse (1), et sponsalia per epistolam potuisse contrahi (2), mulierem absenti per literas ejus posse nubere placuit (3). Quarum similiumque epistolarum, ideo scriptarum ut per eas aut secundum eas alicujus familia mutaretur, plenissima erat vis ad probandum v. c. non defecisse ad matrimonii substantiam necessarium mariti consensum.

Verum etiam epistolae, quae non, ut singularem in alicujus familiam haberent effectum, missae essent, sed, alio consilio, familiae mentionem continerent, producebantur et nonnullam, ut apud scriptores (4), ita in foro vim habebant, si ab ipso adversario aliove sciente scriptae essent (5). Ita novimus, patris de prole epistolas adhibitas esse ad paternitatem demonstrandam, ex hoc Divorum Fratrum rescripto: »Probationes,'' ajunt, »quae de »filiis dantur, non in sola adfirmatione testium consis- »tunt, sed et epistolas, quae uxoribus missae allegarentur,

---

(1) Spartian. v. Hadr. pag. 2, sq.
(2) L. 18. D. *de sponsal.* (23. 1). Cf. L. 4. § 1. *eod.*
(3) L. 5. D. *de ritu nupt.* (22. 2).
(4) Vd. supra pag.43, sq.
(5) Vd. L. 11. § 12. D. *de interrog.* (11. 1).

„si de earum fide constitit, nonnullam vicem instrumen-
„torum obtinere, decretum est" (1). Alio loco de iis, ad
consanguinitatem probandam a reo prolatis, rescribunt
Diocletianus et Maximinianus: „Non epistolis," aiunt,
„necessitudo consanguinitatis, sed natalibus vel adoptionis
„solennitate conjungitur. — Sive itaque quasi ad sororem,
„quam ancillam te posse probare confidis, epistolam emi-
„sisti, sive rel., fraternitatis quaestio per haec tolli non
„potest" (2). Saepe etiam iis ingenuitatem suam (3), se
alicujus libertum (4), et sic porro, quis probare studet.

Ut admitti possent, primum, ut Divi Fratres cavent,
de earum fide constare debuit (5). Neque haec inquisitio
supervacanea fuit. Nam satis constat, quam saepe falsae
in judicio prolatae sint (6), et vel principes in civitate
viros aliorum chirographi imitandi arti plurimum operae
navasse eamve liberos suos docuisse (7); testes autem de
fide vix poterant audiri.

Earum ad familiam probandam vim non admodum magnam et probationem contrariam facile admissam esse,
quum solerent tantummodo aliqua opinione niti (8), cum
ex aliis multis locis (9), tum e Diocletiani et Maximiniani
rescripto apparet. At tamen cum ipse earum usus arguit,
tum disertum Divorum Fratrum rescriptum docet, nonnullam iis fuisse instrumentorum vicem. Nec coacta nec
dolo aut errore elicita, quin ne a volente quidem contra

---

(1) L. 29. pr. D. *de probat.* (22. 3).

(2) L. 13. C. *eod.* (4. 19).

(3) V. c. L. 41. C. *de lib. causa* (7. 16).

(4) V. c. L. 16. § 1. D. *de alim. vel cib. leg.* (34. 1).

(5) Cf. L. 89. princ. D. *de leg. II.*

(6) V. c. Cic. pro Flacco, c. 37, 38, pro domo c. 9. § 22. Suet.
Vesp. c. 6, Appulej. Apol. pag. 572. Paul V. 25. 5 et 10.

(7) Suet. Oct. 64, Tit. 3.

(8) Cf. supra pag. 42 et 110.

(9) De epistolarum fide plerosque locos in Corp. Jur. obvios col-
legit Schol. Basil., Tom. III. pag. 49. A.

veritatem scripta (1), adversus verum familiae statum aliquid valuit (2).

Multum saepe a temporis notatione, quam in epistolis
ad calcem fieri solitam jam monuimus (3), pependisse,
rei natura docet; illius vero absentia non semper omnem
iis vim ademit (4).

Prolatarum quomodo ab adversario, jubente judice,
descriptum sit petitum, novimus ex his Appuleji, adversus quem dolose pars tantum suae epistolae prolata erat,
verbis: »Quas tamen literas, tabulario publico praesente,
»et contrascribente Aemiliano" (adversario, qui epistolam
protulerat), »nudiustertius tuo jussu, Maxime, testato de-
»scripsimus" (5).

———

Eadem atque epistolarum, poterat etiam aliorum instrumentorum esse utilitas, in quibus aliquis, cui rei
veritas bene cognita fuisse videbatur, in transitu alius
familiam aut aetatem commemorasset. Ita v. c. ad aetatem probandam, contra propriam adeo confessionem,
adhibita sunt parentum testamenta, quibus illa continebatur (6), ad emancipationem, cujus acta periissent,
demonstrandam, instrumenta contractuum, in quibus pater velut cum emancipato contraxerat, aut gestorum
donationis, tamquam filio jam emancipato factae (7), et
sic porro. Nam gestionis indicia tot fere esse potuerunt,
quot essent negotiorum instrumenta.

---

(1) Cf. supra pag. 174. n°. 1.
(2) Vdd. pag. 175. n°. 5, pag. 176. n°. 1 et 2. Add. L. 6. C.
de lib. causa (7. 16).
(3) Vd. pag. 103. n°. 1. Quâ subinde diligentiâ fieret, docet
Augusti exemplum supra p. 102. n°. 2. all.
(4) Vd. pag. 102. n°. 1.
(5) Apol. pag 561.
(6) Vd. Basil. Tom. II. pag. 33. A.
(7) Vd. Basil. Tom. II. pag. 73. A. Chirographum solutionis
adhibetur ad statum filii probandum, ibid. pag. 34.

CAPUT QUINTUM.

DE DOMESTICIS CIRCA FAMILIAM ANNOTATIONIBUS.

———

Qua diligentia cives Romani, jam liberâ Republicâ rationes domesticas conficere consueverint, et quantus earum fuerit in jure usus, in vulgus constat (1). Fortasse eae quoque nonnumquam ad familiam probandam, v. g. ad animum maritalem ex impensis in uxorem factis (2) probandum, adhibitae sunt. Sed quum hac de re non de industria agerent, iis non immorabimur.

Praeter eas videntur, maxime sub Impp. (3), non Principes tantûm, sed cives etiam nobiliores, duplicis generis confecisse Commentarios diurnos, quorum alteri, ab ipsis conscripti, ipsorum res gestas continerent (4), alteri a peculiari servo vel liberto (5), quales plures habebant (6) confecti, omnia omnino domus fata, laeta atque tristia, dicta etiam memorabiliora (7), quam accura-

———

(1) De rationibus vdd. *Brisson.* de form. VI. pag. 116, sqq. Plures laudat *Haubold*, Jur. priv. Rom. lin. pag. 122. n°. b.

(2) Cf. Suet. Vesp. 22.

(3) Vd. tamen Cic. pro Quintio c. 18.

(4) Suet. Octav. c. ult., Tib. 61, Claud. 21, 41, Dom. 20, Plin. Ep. VII. 19. 5, Vopisc. Aurel. pag. 209. C., al. Etiam hi dicebantur *ephemerides*, Plut. Caes. 22.

(5) Hic dictus videtur *a Commentariis*, vel *Actuarius*, Petron. c. 53; Cff. Iptt. ad Suet. Caes. 55.

(6) V. gr. servus vel libertus *a manu*, Suet. Oct. 67, Ner. 44, Tit. 3, (*liberta a manu*, Suet. Vesp. 3. in fine); *a studiis*, *a rationibus*, *ab epistolis*, Suet. Claud. 28; *a libellis*, Idem, Ner. 50, Dom. 14, Horat. in fine.

(7) Id colligi posse videtur e Suet. Oct. 64. Cf. Vopiscus in vita Aureliani, ubi varia commemorat Imperatoris aliorumque dicta, verisimiliter ex illius commentariis, praecipuo operis fonte, hausta. v. c. pag. 216. E.—217. C, pag. 213. B, sqq. Add. Suet. Caes. 55.

tissime comprehenderent. Quibus historici sedulo usi
sunt (1).

Novimus antiquitus cives nobiles majorum imagines,
cera expressas et ligneis armariis inclusas, in atrio disponere solitos fuisse (2). Ibidem etiam postea in magna et
capaci tabula imagines pictas vel nomina familiae ita dis-
posuerunt, ut, lineis sive funiculis (stemmatibus) con-
junctae, sponte eorum ostenderent relationem, quis esset
pater, filius, cet. (3). Praeterea singulae imagines suis
titulis, defuncti gentem resque gestas continentibus, erant
insignitae (4). Atque his fortasse instrumentis Atticus (5),
Suetonius (6) aliique praecipue usi sunt ad illustrium
civium stemmata conficienda (7), quamquam nobilitatis
studium haud semper plenissimam illis tabulis fidem habere permisit (8).

Non solum instrumenta, quae rem pecuniariam specta-
rent, sed ea quoque, quae ad familiam pertinerent,
professionum exempla, testationes in superioribus comme-
moratas, quibus ultro fortasse alias addiderunt, beneficiorum Principalium diplomata (9), commentarios aliasque
annotationes domesticas (10), monumenta rerum in Magistratu gestarum (11), epistolas quoque familiares (12), se-

---

(1) Vdd. loci supra pag. 148. n°. 5. laud.
(2) Polyb. VI. 51, Plin. H. N. XXXV. 2.
(3) Plin. l. l., Seneca, de Benef. III. 28, Juven. VIII. 1, sqq.,
Suet. Galb. 2. Cf. Vitruv. de Archit. VI. 4. 28.
(4) Valer. Max. IV. 4. 1, 5. 2.
(5) Nepos, Att. 18.
(6) Suidas v. Τράγκυλλος.
(7) »Marcus Varro, benignissimo invento, insertis voluminum
» suorum faecunditati, non nominibus tantum septingentorum illus-
» trium, sed et aliquomodo imaginibus'', rel. Plin. l. l.
(8) Plin. l. l. Cf. Valer. Max. IX. 15.
(9) Plin. de Benef. VII. 10.
(10) Festus v. *tablinum*, ubi cff. *Scalig.* et *Dacerii* comm. ad
Pauli Diac. Exc., in Corp. Vet. Gr. ed. *Lindem.* Tom. II. pag. 730.
(11) Dion. Hal. I. 74, Plin. H. N. XXXV. 2, Festus l. l.
(12) Suet Tib. 51.

dulo asservare consueverunt. Quae ad Principes pertinerent, subinde in publica bibliotheca custodiebantur (1); vulgo autem tablina, variis hisce codicibus privatis repleta, posita erant in loco sacro, qui subinde sacrarium vocatur (2).

CAPUT SEXTUM.

DE MONUMENTORUM SEPULCRALIUM INSCRIPTIONIBUS.

Jam in superioribus mentionem fecimus monumentorum, quibus alicujus nomen et genus (3), matrimonium (4), obitus (5) posset probari. Sed non possumus, quin hic denuo brevissime moneamus de monumentorum sepulcralium inscriptionibus, quoniam hae quodammodo communibus familiae probationibus possunt annumerari et tam frequentes fuerunt apud Romanos, ut etiam puerorum et servorum viliumque capitum sepulcra titulis exornarentur (6). Uti in scriptis (7) aliisque monumentis, ita inprimis quoque in titulis sepulcralibus defuncti aut monumentum ponentis aut utriusque nomen, praenomen, cognomen, additis parentibus, familiâ, patriâ, commemorari solita sunt (8). Porro solenne quoque erat, quod jam alibi animadverti-

---

(1) Suet. Caes. 56, Vopisc. Aurel. pag. 209. C. D, pag. 211. D.
(2) Suet. Tib. 51, ibique *Casaub.* Add. Vitruv. l. l.
(3) Vd. supra pag. 43. § 3. passim.
(4) Vd. supra pag. 119.
(5) Vd. supra pag. 155.
(6) Sunt verba *Kirchmanni*, de Funer. pag. 407.
(7) Cf. *Brisson.* de Form. VIII. 48 et 49, et *Dirksen*, Tab. Heracl. pag. 190, sq.
(8) Vd. e. g. inscr. 12. apud *Brisson.* op. l. VII. 174. (*Gruter.* Inscr. pag. CCCIX. 1); cap. 177, inscr. pen.; cap. 178 et 179. passim.

mus (1), aetatem ejus, qui tumulo condebatur, adscri-
bere (2). Quae quidem adeo accurate inscribebatur, ut
plura exempla exstent monumentorum, in quibus non anni
tantum et menses [et dies, sed adeo horae commemorantur (3). Saepissime etiam ita commemorabantur liberi,
ut adderetur, essentne legitimi an naturales (4). Nec
minus saepe ibi conjugum legebantur nomina (5); nec
concubinae reticebantur, etiamsi eodem justae uxores
essent relatae (6). Addebatur etiam matrimonii tempus (7),
ita ut simul adjecta clausula diceret, utrum umquam
divortium aut jurgium intercessisset, necne (8). Quatenus
etiam mortis temporis subinde mentio fiebat, jam alio
loco dictum est (9).

Sic igitur ex his inscriptionibus plurima saepe, quae ad
alicujus familiam pertinerent, cognoscebantur. Num vero
ad hanc probandam nonnumquam in jure adhibitae sint,
certis testimoniis non possum docere; sed quominus id
factum sit, aliis deficientibus documentis, nihil obstare
videtur (10).

---

(1) Vd. supra pag. 155.

(2) Vd. *Brisson.* l. l. VII. 173 et *Kirchman.* l. l. pag. 416, sq.

(3) Ex. gr. inscriptio tertia apud *Brisson.* l. l. VII. 179. (*Gruter.*
DCLXXVII. 3). Non de liberis brevi post partum amissis hoc fit,
sed saepissime etiam de hominibus adultis, senibus quoque, v. g.
inscr. 17. apud *Brisson.* l. l., et inscr. prima apud eundem VII.
174 (*Gruter.* pag. CMXLV. 5).

(4) Vdd. inscrr. ab *Heineccio* ad Legem P. P. pag. 169, seq,
allatae. Cf. etiam *Gruter.* pag. CMXLV. 5, ubi liberta se *Jovis
filiam naturalem* dicit.

(5) Etiam si plures fuissent. Tres uxores commemorantur in inscr.
4. apud *Brisson.* l. l. cap. 176.

(6) Vd. *Heinecc.* op. l. pag. 167.

(7) Etiam anni, menses, dies hic commemorabantur, v. g. *Brisson.*
l. l. cap. 176, inscr. 2 et 3.

(8) Vd. *Brisson.* l. l. cap. 176, 177.

(9) Vd. supra pag. 155.

(10) Etiam monumenta aerea et lapidea ad agrorum fines probandos,
in jure adhibebantur. Vd. *Brisson.* Sel. Ant., IV. 5 et 6. *Forner.* Sel.
III. 2. in *Ottonis* Thes. II. pag. 84. *Glück*, op. l. Tom. XXI. pag. 294.

182

CAPUT SEPTIMUM.

DE JURISJURANDI IN CONTROVERSIIS FAMILIAE USU.

———

Novimus matrimonium, sub praestito jurejurando initum, non potuisse, ex Constitutione Justinianea, temere dissolvi aut negari (1), et asseverationem de statu suo extra jus vel, alio consilio, in jure factam et jurejurando confirmatam, veritatem quidem non immutasse, nedum aliis nocuisse aut profuisse, sed graviter tamen adversus ipsum juratum militasse (2). Verum coram judice quoque, probationibus non sufficientibus (3), jurejurando, sive a judice (4), sive a litigantium alterutro (5) delato, vel e compromisso praestito (6), quaestiones de statu potuere decidi. Quo pertinent haec Ulpiani verba: »Sed et si de conditione personae fuerit juratum, Praetor »jusjurandum tuebitur: ut puta, detuli jusjurandum, »et jurasti, *in potestate mea te non esse*: tuendum est »jusjurandum'' (7). Huc facit etiam Diocletiani et Maximiniani constitutio: »Cum proponas,'' ajunt, »partibus »placuisse, jurisjurandi religione, *generis* et ingenuita-

———

(1) Vd. supra pag. 83.
(2) Vd. sup. pag. 159. Add. L. 45. § 1. D. *de ritu nupt.* (23. 2), L. 13. pr. L. 30. pr.D. *de jurej.* (12. 2), L. 14. D. *de jure patr.* (37. 14).
(3) Interdum a probationibus ipsum jusjurandum non distinguitur, v. g. in L. 35. pr. D. *de jurej.* (12. 2): »Tutor pupilli, omnibus »probationibus *aliis* deficientibus, jusjurandum deferens'' rel., et in L. 11. C. *de reb. cred. et jurej.* (11. 1). Saepius tamen distingui videtur, ut in L. 3. *eod.*, et hoc fieri oportere monet Schol. Basil. Tom. III. pag. 70. B, provocans ad L. 4. C. *de Lege Aquilia* (3. 35).
(4) L. 3. C. laud.
(5) L. 3. § 2 et 3. D. *de jurejur.*
(6) L. 6. C. *de reb. cred. et jurej.* Cf. L. 1. D. *h. t.*
(7) L. 3. § 2. laud.

» tis (1) quaestionem decidi: Praeses provinciae juxta de-
» cretum arbitri ad voluntatis vestrae placitum amitae
» tuae filiis consulet" (2). Et, licet de aliis familiae
quaestionibus hoc non diserte statutum sit (3), vix tamen
dubitabimus, quin omnes jurejurando decidi potuerint, si
animadvertamus, Ulpianum exemplum tantum afferre,
universe autem de personae conditione, i. e: statu (4)
jurejurando definienda loqui, ac perinde Constitutionem
laudatam videri indicare, quaestiones de *genere* regulariter
jurejurando potuisse decidi. Quibus accedit, quod iidem
Impp. alibi rescribunt: » in bonae fidei contractibus, *nec
non in caeteris causis*, inopiâ probationum (5), per ju-
» dicem jurejurando, causâ cognita, rem decidi oportere (6).

De modo autem praestandi jurisjurandi, hujusque auctoritate (7), hic denuo peculiaria non habemus 'observanda.

———

Quantum vires ac temporis brevitas permitterent, gravissimum absolvimus argumentum. Nos quidem pluribus instrumentis, quam suspicati eramus, de civium
Romanorum familia constitisse animadvertimus, neque
haec nobis plerumque probatu difficilis fuisse videtur.
An alii, plagulis hisce lectis, idem sint judicaturi nescio.
Sed quidquid eâ de re statuant, nolint, quaeso, ex iis,

———

(1) Etiam manumissio jurejurando potuit probari, L. 8. § 1. D. *de in jus voc.* (2. 4). Add. loci pag. sup. nᵃ. 2. laud.
(2) L. 6. laud.
(3) Cf. tamen, quod ad matrimonium ita probandum, Nov. 74. C. 5; quod ad mortem, L. 34. pr. D. *h. t.* et Nov. 117. C. 11.
(4) Vd. *Brisson.* de V. S. in voce.
(5) De his verbis conf. *Noodt*, Probabil. III. 6 et in Comm. ad Pand. pag. 287 et 288.
(6) L. 3. C. *de reb. cred. et jurej.* (11. 1).
(7) L. 56. D. *de re jud.* (42. 1). Cf. tamen L. 38. *eod.* et L. 31. D. *h. t.*

quae juveni festinanter colligenti innotuerunt, de majore vel minore jurium familiae apud Romanos securitate judicium ferre. Nec dubitamus enim quin multo plurium institutorum, quae huc facerent, apud scriptores vestigia exstent; fortasse haud paucorum etiam omnis notitia interiit. Incaute namque agere videntur, qui propter multitudinem eorum, quae nobis de Romanis cognita sunt, aliis eos usos esse institutis, quorum nulla amplius supersint vestigia, sibi difficile persuadeant.

TANTUM.

ADDENDA ET EMENDANDA.

Primis disputationis plagulis jam typo excussis, tandem in manus venit, quod dudum frustra exspectabamus, cl. *Berriat-Saint-Prix*, opusculum, cui titulus: »Recher-»ches sur la législation et la tenue des actes de l'état ci-»vil, depuis les Romains jusqu' à nos jours, lues à la »société Royale des Antiquaires de France,'' rel. Paris. 1831. Auctor, antequam ad ipsum accedat argumentum se raptim adumbrare affirmat Romanorum instituta, quae civium statui cognoscendo inservierint (pag. 6—12). Sed quamvis solas fere natalium professiones attingat, in hanc tamen partem, ut dicam quod sentio, non eâ diligentia inquisivisse videtur, quam expectares a celebri juris Antecessore et historiae juris Rom. scriptore et tali auditorio. Adeo enim ille professiones a nobis pag. 6. seqq., pag. 14. seqq. et pag. 25. seqq. explicitas confundit, ut Impp. et JCti in L. 13, L. 16, L. 29. D. *de probat.*, L. 14. C. *eod.*, L. 6. C. *de fide instr.*, L. 15, L. 22, L. 24, L. 39. C. *de lib. causa*, L. 7. C. *de donat.* ipsi videantur Servii Tullii de natali professione et censu *rescripta* (!) interpretati esse. Ne ea quidem, quae *Westenbergius* et *Heineccius* de professione ab Antonino instituta animadverterunt, auctori cognita fuisse videntur.

Pag. 7. Urbanorum incolarum nomina in tabulas esse relata jam existimavit *Pighius* in Annalibus cet. pag. 49. fol., referente *Dirkseno*, in Versuche pag. 349, qui ab eo non dissentire videtur. Idem statuunt *van Rappard*, op. l. pag. 9, *Niebuhr*, loco supra pag. 147 laud., *Berriat S^t. Prix*, pag. 6. Nemo tamen sententiae rationes addit. *Dirksen, Niebuhr*, et *Berriat S^t. Pr.* existimant Servium voluisse instituere Census ἀντίγραφον (Contrôle).

Rusticorum etiam nomina in tabulas relata esse, judicat *Niebuhr*, l. l.

Pag. 8. lin. 3: Quibus propinquis rel. Cff. *Pighius* l. l.
et *van Rappard*, op. l. pag. 8 et 49. Huc refert *Berriat
S^t. Prix*, pag. 10, Legem 16. D. *de probat.* (22. 3). Opi-
nionis rationem attulimus.

Ibidem lin. 18: Immo rel. Nisi fallor assentientem
habeo *van Rappard*, op. l. pag. 49, quamquam hic dubitat, an nativitatis dies sit annotata. Aliter sentire videtur *Pighius* l. l., legem ita referens: . . . . »certas
»stipes penderent, easque *quotannis* aeditui *in tabulas*
»*referrent*, ex quibus" rel.

Ibidem lin. 23: Equidem rel. Cf. *Niebuhr*, l. l.

Ibid l. 31. Quidquid sit rel. Ita sentit etiam *Berriat
S_t. Prix* pag. 12. Cf. *van Rappard*, pag. 49.

Pag. 10. n^a. 1 et 2. Add. Tabula Heracl. l. l., ibique
Iptt. *Mazochius*, *Marezollus*, *Dirksen*.

Ibid. n^a. 5. *lege:* Nisi forte Ulpianus in L. 4. § 5. D.
de censib., (50. 15) de Censu Lustrali loquatur, quod
plerisque Viris Doctis placere video. Vd. ex. gr. *Glück*,
op. l. Tom. XXI. pag. 291.

Pag. 15. l. 1. Aliam ob causam Annalium Maximorum
conscribendorum morem in desuetudinem abiisse existimat *Niebuhr*, op. laud. Tom. I. pag. 263.

Pag. 16. n^a. 1. Add. de scribis eorumque salario Plin.
Ep. IV. 12 et VI. 22. 4.

Pag. 16. Praefecti Urbis acta (ὑπομνήματα), in quibus
illius sententiae exstarent, nuncupat Hadrianus apud
Dosith. op. l. § 17. De magistratuum municipalium actis
conf. etiam Vat. Fr. § 112.

Pag. 18. n^a. 1. Add. Paul. Sent. IV. 6. 1. sqq. ibique
Schulting, et Nov. 15. Cap. 5.

Pag. 23. Paulo aliter *van Rappard*, op. l. pag. 12,
Appuleji locum intelligit. Putat nempe, parentes liberorum nomina in tabulis scripsisse, addito die et Consule sive anno, quo confectae essent, quarumque exem-

plar aliud penes se retinerent, aliud asservari curarent in tabulario publico. De his tabulis ipsi loqui videntur cum Appul. l. l., tum Virgil. Georg. II. 502. Verum dubitare licet, an simplex tabularum privatarum depositio *professio* dicta sit, et an Virgilius tabulas illas *tabularia* vocaverit.

Glückius op. l. T. XXI. p, 308, sq. relationem quidem in acta et professionem, de qua Appulejus loquitur, ratione non diversam putat a Marci Antonini instituto, sed minus recte existimare videtur omnem eam natorum professionem constitisse inscriptione liberorum recens natorum in publicas civium tabulas (*in die öffentlichen Bürger-Rollen*): his verbis quasnam tabulas significet, non satis assequor. Nec certius intelligo, quid de professione privata ibidem doceat: utrum parentes eam publice accepisse an propria auctoritate confecisse, statuat.

Berriat S'. Prix, pag. 7, existimat Appulejum loqui de instituto Tulliano: quasi, opinor, Pudentilla Romae nata sit.

Pag. 27 lin. 14: Mentio non est facta. *Adde haec*: Sed constitutione illa antiquior esse et nostram de ejus aetate opinionem aliquantum confirmare videtur hoc Marci et Lucii rescriptum: »Si *instrumentis* probas habere te justos tres liberos'' rel. Vat. Fragm. § 168.

Pag. 29. lin. 1: obviis — (4).   Haec fugerunt Cl. *Berriat-Saint-Prix*, qui locis hîc laud. de natalium professione sermonem esse existimat.

Ibid. n*. 5. *Salmasii* conjectura: »*a nomine imposito*'', etiam nunc placet Cl. *Berriat-Saint-Prix* p. 11. Manifesto calami errore frater meus in Comm. laud. pag. 112. n*. 2. »scripsit: intra *centesimum* diem'', quod ejus rogatu corrigo: voluit *tricesimum*.

Pag. 30 n*. 6. Add. *Pithoeus* ad Moss. et Rom. leg. Coll. Tit. 8 (in *Schult.* Jure Antej. p. 765) et *Fornerius*, Rer. Quot. V. 17 (in *Ottonis* Thes. T. II. p. 269).

Pag. 31. l. 19. Videtur *Glückius*, op. l. T. XXI. pag.

309 Legem 16 D. *de prob.* intelligere de professione privata, quum publica a patre esset facta.

Ibid. nª. 1. Add. *Forner.* l. l.

Pag. 32. l. 16. Justinianea *lege:* Zenoniana. *De hac autem Constitutione conf.* pag. 164. sqq.

Ibid. nª. 3. Add. L. 1 C. Th. *de donat.* (8. 12).

Pag. 33 nª. 9. Add. Dosith. op. l. § 3.

Pag. 35 nª. 1: in provinciis. *Haec deleantur.*

Pag. 36 l. 7. Tempus his natalium professionibus etiam nunc addi debuisse, indicat Libanius loco pag. 103. nª. 3. laud., quum memoriam Consulis etiam necessariam esse dicat ad παιδῶν γενέσεις εὐδαιμόνων.

Pag. 37 nª. 2. Nescio an nova sit Cl. *Berriat-Saint-Prix* conjectura, quum p. 10 nª. 2 dicat: »Au reste, Julius »Capitolinus n'est pas un historien très-exact; il dit par »exemple que Marc-Aurèle institua, le premier, les dé- »clarations de naissance (?); ce qui est évidemment faux; »*mais peut-être le texte de son ouvrage a-t'-il été altéré.*"

Pag. 38 nª. 3. Add. ipsorum DD. Fratrum rescriptum in Vat. Fr. § 168.

Pag. 40. Ad hanc § conferri omnino meretur *Fornerius*, Rer. Quot. II. 26 et V. 27 (in *Otton.* Thes. p. 188 et 278). Add. Valer. Max. IX. 15 et Plin. Ep. V. 16. 9.

Pag. 41. Aetatis probationem describunt compilatores Basil. X. 25. 1, T. I. p. 673.

Pag. 42 lin. 8: Leviter tractata fuisse. Conf. Dosith. l. l. § 10.

Ibid. nª. 2. Add. Basil. X. 4. 57, Tom. I. pag. 636.

Pag. 43. Ad § 4 animadverte, Suetonium locum, ubi Augustus editus sit, conficere ex Actis Senatus, in vita cap. 5.

Pag. 44. Quocirco *lege:* quocirca.

Pag. 46 lin. 4. Assentientem habemus *Hoffmannum*, op. l. § 2, in *Fellenbergii* Jurispr. Ant. Vol. II. pag. 277.

Pag. 48 lin. 4. Privata collegii Pontificum commentaria memorat Dion. Hal. Ant. Rom. VIII. 56.

Pag. 50 nᵃ. 1. Add. *Brisson.* de Form. III. 23 et *de Buchholtz* ad Vat. Fragm. § 166.

Pag. 51 nᵃ. 4. Etiam *Spangenb.* op. l. pag. 43 *tabularios* et *tabelliones* confundit.

Pag. 52 nᵃ. 3. De hac man. dic. infra. *Haec deleantur.* De manumissionis per vindictam celebratae in acta magistratus relatione conff. *Sigon.* de Judic. I. 13, *Rosin.* op. l. I. 20. Add. L. 23 D. *de man. vind.* (40. 2), L. 4 § 5 L. 1 C. *de his qui in eccl. man.* (1. 13) Exemplum etiam nunc exstat apud *Spangenb.* op. l. pag. 366, sqq.

Pag. 55 nᵃ. 3. Conferri omnino meretur *Hoffmann.* l. l. pag. 274, sqq. Ejus, qui testamento in nomen et familiam adoptatus erat, imagines etiam novae familiae stemmati inferebantur. vd. Plin. H. N. XXXV. 2.

Pag. 60. lin. 22. Interdum — omiserint. *Conf.* Schol. ad Basil. T. III. pag. 26 in fine.

Ibidem nᵃ. 1. *Adde:* et a qua sententia non alienus est *Westenb.* in D. Marco diss. XXVIII.

Pag. 61. lin. 10. *Excidit haec nota:* Facit huc egregie Vat. Fragm. § 268. Vd. inprimis *Gothofr.* ad L. 2 C. Th. *de donat.* (8. 12), L. 6 C. Th. *de revoc. don.* (2. 13), et L. 8 C. Th. *de bon. proscr.* (9. 42). Similiter cum manumissione donatio conjungebatur. Exemplum exstat apud *Spangenb.* 366.

Pag. 65. nᵃ. 1: L. 5 § 1 rel. *Adde:* de qua vid. *Glück,* op. l. Vol. XXI. pag. 262, sq.

Pag. 68. § 1. *Excidit inscriptio:* De Censu.

Pag. 73. nᵃ. 1. *Adde:* et Plin. H. N. VII. 48.

Pag. 78. lin. 7: literis hoc significantibus. Nonne Imp. his verbis vetat, ne Clerici nudo crucis signo subscribant? De re conf. *Spangenb.* op. l. pag. 37.

Pag. 80. nᵃ. 2: Vd. infra. *Haec deleantur.*

Pag. 87. nᵃ. 3. Etiam Scholl. Basil. T. IV. pag. 265 A et B, docent tantum, e Nov. 117, eos qui magnis dig-. nitatibus non sunt ornati, sine *dotalibus instrumentis* nuptias posse contrahere, et *humiliores* (τοὺς ταπεινοτέρους)

nuda consuetudine inire matrimonium. Add. Nicaeus in
Basil. T. II. pag. 54 A.

Pag. 95. nª. 4. Add. Schol. Basil. (an Theodorus?)
T. IV. pag. 276.

Pag. 96 lin. 20: ex *lege:* eo.

Pag. 98. nª. 2. Nunc video cons. *Ortolan*, quum ani-
madverteret has difficultates, jam docuisse, non ipsum
in matrimonium consensum statim facere nuptias, sed
opus esse foeminae traditione, sive haec solenniter fiat
sive nuda cohabitatione (»ce contrat me parait devoir
»être rangé'dans la classe de ceux, qui, pour exister,
»exigeaient, qu'il y eût eu tradition'') , in Thémis ou Bibl.
du Jurisc. T. X. (T. III) p. 496, sqq. et in Explic. histor.
des Institutes cet. II. 1. p. 362. Recte quidem, modo
hic non cogitemus de traditione, tamquam modo trans-
ferendi dominii, quod doctissimus Auctor facere videtur.
Ita enim vereor ne nobis juris Rom. placita fingamus,
quae ab illo plane fuerunt aliena. Ejusdem vero expli-
cationi Legis 66. D. *de divort. et repud.* (24. 2) non possumus accedere.

Pag. 112. nª. 1. Fortasse tamen *Jordensii* opinio ita
potest defendi, ut dicas, Justinianum cogitasse tantum
casum, quo conditio filii non negetur: eum voluisse haec
instrumenta sufficere, *nemine contradicente*, nec tamen
praecludere omnem contradictionem.

Pag. 137: § 1. *lege* § un.

Pag. 175: CAPUT TERTIUM *lege* CAPUT QUARTUM.

Reliquos errores typographicos B. L. ipse corrigat.

DISPUTATIONIS CONSPECTUS.

PARS PRIOR.

DE PROPRIIS FAMILIAE PROBATIONIBUS.

PARS ALTERA.

DE COMMUNIBUS FAMILIAE PROBATIONIBUS.

THESES.

—◦◦—

I.

Adoptio in specie et emancipatio introductae sunt in fraudem legis.

II.

Non minus errant, qui in L. 6 D. *de his qui sui vel al. jur.* (1. 6) sermonem esse putent de testibus nuptiis contrahendis adhibitis, quam quibus testes ibi significari videantur instrumento natalitio adhibiti.

III.

In L. 10 D. *de prob. et praes.* (22. 3) sermo est de Magistratuum Actis, non de monumentis aereis, quibus agrorum divisiones contineantur.

IV.

Legi 14 § 1. D. *de per. et comm. rei vend.* (18. 6) non obstat L. 1 § 2 *eodem*.

V.

L. 23 D. *de testib.* (22. 5) intelligenda est de teste, qui antea ét in eundem reum ét in eadem causa testimonium dixit.

THESES.

VI.

Legi 74 pr. D. *ad SC. Trebell.* (36. 1) non adversatur L. 77 § 24 D. *de legatis II°*.

VII.

In Lege 5 C. *de probat. et praes.* (4. 19) legendum est : *probationem crediti.*

VIII.

Regulae, quam sibi Viri Docti fingunt, quasi jure Romano matrimonium contractum sit, quam primum de eo contrahendo sit consensum, adversatur ejus juris placitum virum absentem ducere posse uxorem, uxorem absentem non duci.

IX.

Eadem si JCtis Romanis placuisset, non judicassent donationem die nuptiarum factam valere, modo in uxoris domo, vel antequam haec in mariti domum deducta sit, celebretur.

X.

L. 2 C. *de testibus* (4. 20) non prohibet, quominus quis solis testibus se ingenuum demonstret.

XI.

Appellatione *causarum pecuniariarum*, JCti Romani significare solent omnes causas exceptis criminalibus.

XII.

Jure Gallico mater, patre absente vel interdicto, emancipare potest.

XIII.

Liberi naturales non legitimantur matrimonio putativo.

THESES.

XIV.

Servitutes continuae et apparentes, acquiruntur etiam possessione 10 et 20 annorum.

XV.

Successio anomala, quae dicitur, locum non habet, pretio rei donatae, sed alienatae, soluto, licet nondum cum reliquis donatarii rebus hereditariis confuso.

XVI.

Acceptatio literae Cambialis efficit debiti novationem.

XVII.

Tertio arrestato (tiers saisi) non est jus exigendi expressam declarationis suae approbationem vel improbationem ab arrestante.

XVIII.

Errant cum qui verba *la même peine* in art. 59. C. Crim. explicent tamquam idem poenae genus, tum qui existiment socium ea poena plectendum esse, quam incurrisset, si ipse fuisset criminis auctor.

XIX.

Omnia instrumenta in jure prolata tantum praesumtionem efficiunt.

XX.

Ex Art. 4 Legis Fundamentalis nemo e civitate potest expelli.

XXI.

Art. 67 ejusdem Legis latissimo sensu est intelligendus, ita ut Regi et gratiae et poenae minuendae et abolitionis jura tribuat.

THESES.

XXII.

Jus Gratiae non comprehendit jus poenam a judice irrogatam commutandi in malum legibus civitatis non in poenarum numerum receptum.

XXIII.

Nocet civitati facilitas, qua pecunia in nomina publica collocari potest.

XXIV.

Recte Plato de Rep. lib. VIII. pag. 562 judicat, ex nimio libertatis studio nasci tyrannidem.

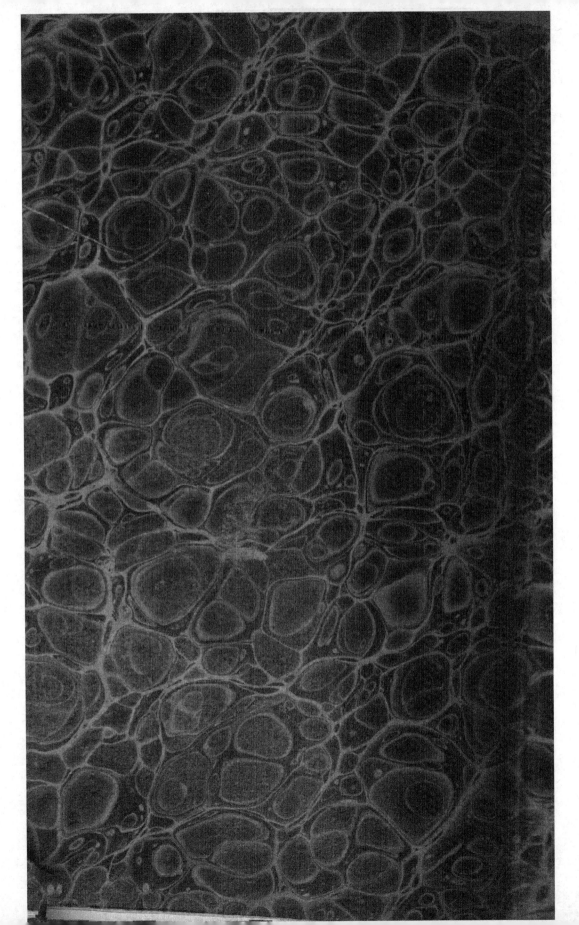

CPSIA information can be obtained at www.ICGtesting.com
Printed in the USA
LVOW03s2003200915

454990LV00013B/191/P